ニッセイ基礎研究所 廣瀬 涼 HIROSE RYO

あの新入社員はなぜ歓迎会に参加しないのか

Z世代を読み解く

一般社団法人金融財政事情研究会

肯定・否定どちらの立場が正しいとはいえないが、このツイートからは、少なくとも、自分たちの歓迎会とはいえど「行きたくない」という意思をはっきり示すことができる若者がいるらしいということがわかる。また、このツイートの投稿主のように、それを支持する先輩社員も存在しているようで、ＳＮＳでも「応援する」「コロナ禍でなかったとしても、激怒される理由がわからない」などと、新入社員の行動に賛同する者がみられ、新入社員と同じよ

うに考える層が一定数いることも事実である。

一般論からいえば、入社してまもない〝ひよっこ〟が、年間スケジュールのなかに疑う余地もなく組み込まれている新入社員歓迎会に対して、「欠席」の意思表明をするという、タブーが行われてしまったという見方もできる。

無礼だ

社会人としての自覚が足りない

今どきの若者は何を考えているのやら

そう思った方もいるだろう。ただ一方で、この新入社員のように、歓迎会や普段の飲みニケーション、忘年会、新年会といった会社の人（主に上司）と業務外で杯を交わすことに対して、大なり小なり「面倒くさい」という感情を抱いたことがある方は多いのではないだろうか。その場合、これまでは、断ったことで生じる様々な負の影響を考慮し、渋々出席するのが「常識」であった。

しかし、「常識」は変わりつつある。「今どきの若者」は、それ以前の世代が暗黙の了解として我慢してきた慣習に対して「NO」を突きつけることができる。今どきの若者にとっての「常識」は何か――。このツイート、そしてそれに対するSNSの反応は、今回、本書を執筆するきっかけの1つとなった。

本書では、「なぜ、この新入社員は歓迎会に出たくなかったのか」、その真意を読み解いていき、Z世代はどんな世代なのか、その価値観と行動をわかりやすく説明していく。

なお、本書は「今」の若者の価値観に着目して執筆している。時代の移り変わりとともに価値観は変化するものであり、私が読み解く若者も「今」の若者である。そのため、本書で認めていく内容は決して普遍的なことではないかもしれない。ただ、「今」若者とのコミュニケーションに困っている方、「今」若者が何を考えているのか手探りをしている方、「今」すぐにでも若者の消費を促す方法を欲している方、そのような方に、本書は間違いなくヒントを提供できるだろう。

だからこそ、本書は、家でじっくり読んだり、本棚にご丁寧に飾っておいていただくというよりも、新幹線の東京・大阪間で読み切れるボリューム感で、すぐにでも活用していただきたい情報を詰め込んだ。

最近の若者って、インスタ（Instagram）や
ＴｉｋＴｏｋが主流みたいだけど、
どう使っているのだろう

今どきの若いもんは、どうしてあんまりモノを買わないのか

Ｚ世代が「今」何を考え、「今」どう行動しているのか。本書がその理解の助けになればと願っている。

２０２３年２月

廣瀬　涼

目次

第1章 **Z世代とは** 1
なぜZ世代が注目されるのか 2
世代論の考え方 7
「Z世代」は誰を指しているのか 12

第2章 **Z世代が歩んできた道** 15
日本経済の停滞期しか知らない世代 17
「協力すること」を大事にする 21
3・11とコロナ禍が与えた影響 23
Column **オンライン中心の大学生活が就職観に与えた影響** 24
情報量の爆発的拡大 27
SNS漬けは当たり前 30

第3章 **Z世代と3つの市場変化** 35
デジタルネイティブ――「スワイプ」による取捨選択 36
Column **フリマアプリの普及** 40
フリーミアム――21世紀の「無料」のビジネスモデル 43

目次

サブスクリプション――「所有」から「利用」へ　46

第4章 「ググる」より「タグる」――Z世代の情報処理の特徴……51

情報の波を渡っていくには　52
お気に入りを保存する「データベース型処理」　55
とりあえず「スクショ」　57
「クラスタ型処理」とアイデンティティ　60
ハッシュタグで共有する世界観　62
複数のSNSアカウントを使い分け　66
SNS検索が定着　69
若者が情報と出会う3つのきっかけ　75
EIEEM――消費は「イベント」　78

第5章 ウェルビーイング――何にお金を使いたいのか……83

社会貢献を意識する若者たち　85
SDGsへの関心　87
自制心と共闘　91

第6章 画一化された幸福の消滅……95

Z世代の抱える不安　96
VUCA時代と「そうあるべき論」の消滅　99
消費したくても消費できない　102

「必要でないもの」を消費したくない――若者の〇〇離れ 106
情報量の拡大で「消費したいもの」が増えている 108

第7章 変わりゆく消費文化 113

モノを所有することの意義 114
ブランドロゴの価値――記号消費の特徴 117
コト消費とインスタ映え 120
お揃いコーデ――モノ消費にみえるコト消費 122
渋谷ハロウィンに若者が集まる理由――トキ消費 125
付帯価値を重視する「イミ消費」 127
応援消費と物語消費 129
「推し」の心理 131
投げ銭とオーディション番組 134
Column 金融商品とZ世代 137
エンターテインメントとして消費される人々の物語 143
Column ゲームアプリへの課金 148
応援する手段の拡大 151
Column アイドルの今昔 154

第8章 自己肯定感 …… 159
SNSが若者にもたらしたもの 160
Column 昔とは違う「オタク」 163
自分の思いやストーリーを伝えたい 166
Column 倍速視聴とタイパ 170
他人の存在を後ろ盾にした自己肯定感 173
おわりに 176

第1章

Z世代とは

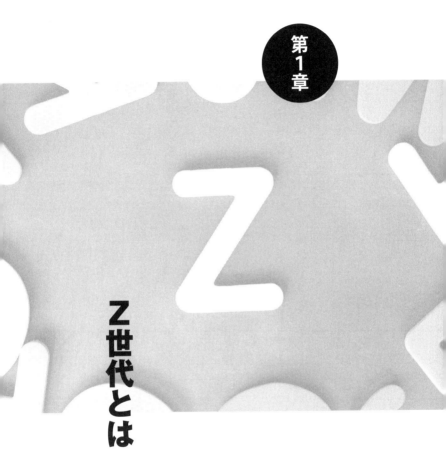

なぜZ世代が注目されるのか

「今どきの若いもんは」――。

この言葉は、誰しもがいわれ、誰しもがいう定めのようだ。この若者を卑下する言葉は、近年いわれ始めた言葉ではなく、我々のはるか昔の先人たちも、当時の若者に対して、いっていたようである。たとえば、プラトンは「最近の若者は　目上の者を尊敬せず　親に反抗　法律は無視　妄想にふけって　道徳心のかけらもない　このままだとどうなる？」と、若者の立ち振る舞いを嘆いている。いつの時代も若者は理解されがたい存在であり、決して現代の若者だけが目くじらを立てられている存在ではない。

一方で、若者の新しいモノに対する嗅覚や、新しいモノを受け入れる感度はいつの時代も評価されるものであり、彼らの一挙手一投足に注目が集まることも事実である。たとえば「スノボー」「カラオケ」「アムラー」そして「タピオカ」と、**いつの時代も流行の中心には若者がい**

る。変わりゆく消費文化のなかで、その先頭にいたのはいつも「若者」であり、**若者の消費を理解することは現代消費文化そのものの理解につながる**と筆者は考える。

一概に若者といっても明確な定義はなく、たとえば、厚生労働省の「平成30年若年者雇用実態調査」では若年労働者は15～34歳としているが、内閣府の「子供・若者育成支援推進大綱」（２０２１年４月６日）では、若者を「思春期、[注]青年期（おおむね18歳からおおむね30歳未満まで）の者。施策によっては、ポスト青年期の者（青年期を過ぎ、大学等において社会の各分野を支え、発展させていく資質・能力を養う努力を続けている者や円滑な社会生活を営む上で困難を有する、40歳未満の者）も対象とする」と定義している。

国際連合では若者を15～24歳と定義しており、国際連合教育科学文化機関（ＵＮＥＳＣＯ）でもその定義を参照している。そして、心理学においては、エリクソンの心理社会的発達理論に準じて12～20歳頃を青年期とされることもあれば、青年期を３段階に区分する（10～13歳から14～15歳：青年期前期、14～15歳から17歳：青年期中期、17歳から21歳：青年期後期）こともあるようだ。

広告業界ではセグメンテーションとしてＭ１（20～34歳男性）、Ｆ１（20～34歳女性）と、消費者を分類したりする。

そして、そのような若者の分類のなかでも、昨今「Ｚ世代」という言葉をよく耳にする。**Ｚ世**

代とは、主に欧米で議論されてきた世代論のことであり、1996年から2012年頃の間に生まれた若者のことを指す。日本でも、2020年アメリカ合衆国大統領選挙に関連した報道で、新しい価値観を持つ彼らの1票が注目され、Z世代に関する特集が当時多く組まれた。これと同時に、日本における若者も「Z世代」というラベリングがなされ、主に消費行動の視点から、彼らの特徴が注目されてきた。年齢でいえば、2023年現在、11歳から27歳の層で、大学新卒入社の社員ならば入社5年目までの世代である。「はじめに」のツイートにでてきた新入社員も、Z世代といえるだろう。

本書は、彼らZ世代に焦点を当て、その生態を読み解いていく。読者の皆さんも身近にいるZ世代を頭に思い浮かべながら、読み進めてもらいたい。

まず、そもそもなぜ「Z」なのだろうかという疑問が湧く方もいるかもしれない。この背景としては、Z世代以前の世代として「X世代」と「Y世代」があることに触れる必要がある。

ジェネレーションX（X世代）＝1965〜1980年頃の生まれ
ジェネレーションY（Y世代）＝1981〜1995年頃の生まれ
ジェネレーションZ（Z世代）＝1996〜2012年頃の生まれ

このアルファベットによる世代の分類はX世代が始まりとされていて、Z世代はその系譜を踏んでいる。X世代という名称は、写真家のロバート・キャパの造語に由来する。彼は1950年代に、第2次世界大戦後に成長した若者をテーマにしたフォトエッセイに〝Generation X〟（ジェネレーションX）というタイトルをつけた。

〝X〟というアルファベットがつけられた理由は、SFテレビドラマの『X－ファイル』を想起すればわかりやすい。〝X〟には未知という意味が込められている。諸説あるが、未知の数量を表すために使われていたアラビア語〝Shei〟をギリシャ語に置き換えると〝Xei〟となり、その頭文字であるXを用いて、わからないものを示す単位や記号として「X」がつけられるようになったと考えられている。たとえばX線は、発見時にその性質が不明であったためつけていた〝X〟の名残であるし、遊星から飛来した謎の「物体」を題材にしたSF映画〝The Thing〟の邦題が『遊星からの物体X』とされるなど、未知の〝モノ〟をXに置き換えたものは、我々の身近にも多々ある。ロバート・キャパが〝X〟とつけたように、当時の人たちにとってAfter warの世代は文字通り〝未知な世代〟だったのだろう。

このような背景のもと、現代の社会的文脈である1965～1980年頃に生まれた世代という意味で、「X世代」という名称が使われるようになったのは、1991年にダグラス・クープランドの『ジェネレーションX―加速された文化のための物語たち』が国際的なベストセラーとなったことがきっかけだ。その前の世代であるベビーブーマーと比べて「つかみどころがない」、文字通り「未知な世代」という意味合いで広く浸透していった。

その後、X世代の次の世代である1981〜1995年頃に生まれた「ポストX世代」のことを、アルファベット順になぞって「**Y世代**」と呼ぶようになる。この世代は、2000年代に成人・社会人になることから「ミレニアル世代」とも呼ばれ、物心ついたときにはインターネットの環境が整っていた「デジタルネイティブ」の文脈で使われる。

デジタルネイティブの多くは、自身が学生のときにはインターネットが普及しており、その新しい技術にいち早く適応していった世代であるが、インターネットが普及した後に生まれた、いわゆる「**ネオ・デジタルネイティブ**」もいるわけであり、彼らを「Z世代」と呼ぶ。Y世代とZ世代の境目が1995年であるのも、ウィンドウズ95の登場によってインターネットが一般的に使用できるようになったという点が背景としてあげられる。

世代論の考え方

筆者がＺ世代を研究し始めた２０１９年当時、まだＺ世代という言葉は、広く認知された言葉ではなかった。しかし、今では様々なメディアで取り上げられ、Ｚ世代を専門に扱う研究所が登場したり、専門書も多々発行されている。しかし、筆者自身は、昨今のＺ世代ブームに対して、１歩引いたスタンスをとるようにしている。というのも、Ｚ世代に関する研究やメディアの取り上げ方に疑問を抱いているからである。

たとえば、次のようなトピックがあったとする。

Ｚ世代はお酒を飲まない

Ｚ世代の男性はメイクをしている

これらの行動は特筆すべきZ世代の行動なのかもしれないが、普遍的ではなく、限定的な場合の方が多い。しかし、そのような特徴をコラージュするかのようにつなぎ合わせ、まるですべてのZ世代がそのような行動や価値観を持っているように報じられていることは少なくない。世代論の多くにそういった傾向があり、たとえば、ゆとり世代は「辛抱強くない」「学力が低い」「競争心がない」などと、あたかもそのすべての世代がそのような性格を有しているかのごとく特徴づけられ、その世代のステレオタイプが構築されていく。

他にも、「新人類世代」「バブル世代」「団塊ジュニア世代」「ゆとり世代」「脱ゆとり世代」といったように、日本の社会（歴史）に沿って世代語りがされるが【図表1－1】、このような分類はいわば〝レッテル〟であるため、世代論そのものが時代錯誤であると主張する者もいる。

ここではっきり明記しておきたいのは、世の中に出ているZ世代の特徴や本書であげる彼らの価値観は、あくまでも際立ってみえる特徴にスポットを当てているだけであり、すべてのZ世代に当てはまるわけではない。Z世代のなかにもそれ以前の若者と同じような価値観を抱いている者もいて、むしろそちらの方が大多数かもしれない。また、調査のなかには、華やかな都心の若者や「陽キャ」と呼ばれる学校のスクールカースト上位の層を対象に行っているものもある。彼らのなかでのスタンダードは、いわゆる〝普通〟の学生にとってスタンダードではないこともある。

▼図表1－1　世代論

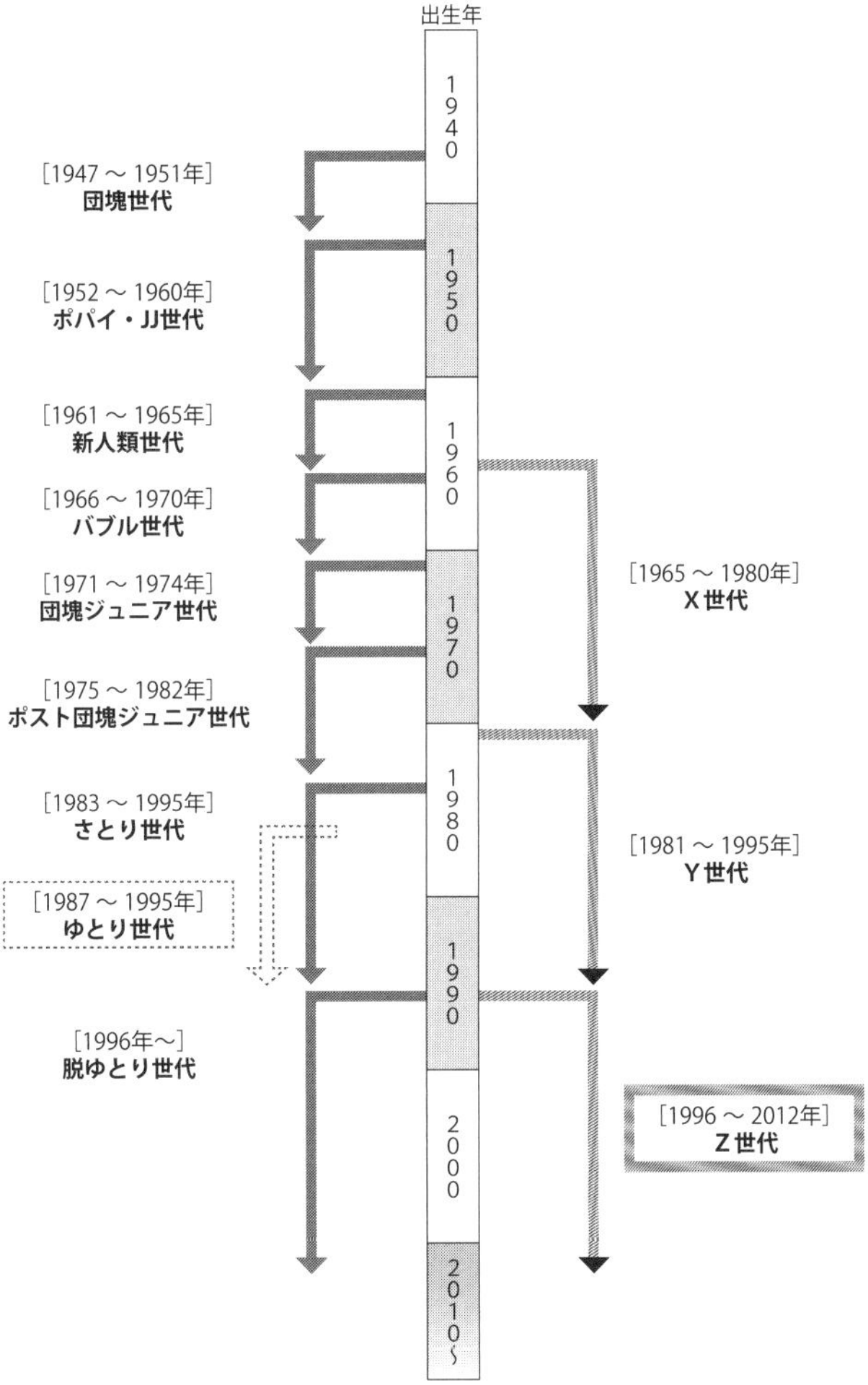

（注）　各世代の区切りには諸説ある。
（出所）　筆者作成

前述した「Z世代の男性はメイクをしている」というトピック1つとっても、メンズ美容総研が2022年1月に男性を対象に行った「第1回メンズ美容定点調査」をみれば、メンズメイクをしている人の割合は10代で22・5％、20代で24・0％に留まっている。つまり、決してその世代すべてが行っている行動というわけではない。

ただ、世代を丸々ペルソナ（性格）のように特徴づける行為は不毛である一方で、少なくとも、次の点を大まかに把握するうえでは、世代論は有効であると筆者は考える。

・その世代は、どのような時代を歩いてきたのか。
・環境・市場変化によって、どのような生活習慣を身につけているのか。

環境や市場変化は、誰にでも平等に起こることである。直近でいえば、新型コロナウイルス感染症の流行は、性別、年代、年収、職業関係なく、分け隔てなくすべての国民がその環境下に身を置くことを強いられた。このような変化や社会環境によって生み出される生活様式や消費行動、価値観の変化は群衆的に変化していくものであり、それを「何歳で経験したか」が世代間でのギャップを生み出す。Z世代より上の世代は、コロナ禍により主に仕事に大きな影響があったが、Z世代は限られた学生生活が振り回された。仕事は人それぞれ違いがあるが、学生という身分は普遍的なものである。

2020〜2022年にかけて学生だった若者は、どの層も分け隔てなくコロナ禍に同じような学生生活を強いられており、時代が流れてもその事実は変わらない。これは、他の世代が経験していない共通項を持ち合わせていることを意味する。

それ以前、それ以後の世代が**「修学旅行どこへ行った？」**と修学旅行先の話題を媒介にコミュニケーションが行われる一方、Z世代では「そもそも修学旅行に行った？」などと、決行されたか否かがトピックとなる。Z世代以前の世代がZ世代に、「修学旅行どこ行った？」とたずね、「コロナ禍で中止になったんですよ」と返答されたら、そこに世代間ギャップが生まれるわけだ。

また、「何歳のときに、何を、どのように消費していたか」も、世代間で差が出ることである。

たとえば携帯電話なら、Y世代が高校生の頃に使っていたのはガラパゴス携帯電話であった。モバイル通信料が高いためにパケット料金を気にしながら使っていて、**正月の「あけおめ」メールを送る大変さ**（各社のサーバーがダウンしてしまうため）を実感するといった、ガラケー特有の消費文化とともに成長していった。一方、Z世代は、高校生のときからスマートフォンを使用している者も多い。スマートフォンでは定額使い放題でインターネットに接続することが多く、「あけおめ」メールは「あけおめ」LINEにとって代わり、技術の進歩により、正月にサーバーがダウンすることもなくなった。サーバーダウンの経験がないZ世代が、正月にはサーバーが重くなるかもしれないといった想像をはたらかせることはないであろう。

したがって、その商品（サービス）を消費していた年齢や時代の差によって生み出された消費文化は、その世代の普遍的な（広く認識された）行動様式や価値観といえるだろう。このような理由から、世代ごとにどのような時代を歩いてきたのか、市場変化によってどのような生活習慣を身につけているのか、と大まかに把握するという意味では、世代論は有用と筆者は考える。

「Z世代」は誰を指しているのか

さて、ここまでを整理すると世の中で使われている「Z世代」という言葉には、次の2つのケースがあると理解していただけただろう。

①大半とはいえないが、特徴的な行動に着目して、その特徴をつなぎ合わせて一つに括った「Ｚ世代」と呼ばれるペルソナを指しているケース
②彼らが過ごしてきた環境や市場の変化が生み出した他の世代との差に着目し、その特徴を持つ世代を「Ｚ世代」と呼ぶケース

これは「Ｚ世代」という言葉がどのような文脈で、どのような意味で使われているのかを考えるための要素そのものともいえる。

一方で、「Ｚ世代」が明確に特定の層を指して使われているケースがある。Ｚ世代は冒頭で述べた通り、**１９９６年から２０１２年の17年間**に生まれた者を指している。小学生から社会人として働き出している者まで年齢差がある。Ｚ世代のなかでも世代間ギャップは存在し、一概に「Ｚ世代」といっても、当てはまる層と当てはまらない層が存在するわけだ。たとえば、本書で扱うＺ世代は２０２３年現在、新入社員から入社数年目の若者を想定しているため、20代前半〜半ばが議論の中心となる。一方、２０１２年生まれは、２０２３年現在まだ11歳であり、価値観や消費のスタイルが同じであるはずはない。

そのため、便宜的とはいえ、その17年にまたがる世代をＺ世代というラベリングをしてしまう

ことに対して、違和感があるのも事実である。電子機器でいえば、１９９６年はバンダイから**初代「たまごっち」**が発売され、２０１２年はアップルから**iPhone（アイフォン）5が販売**されている（日本における最初のアイフォン発売は２００８年）。それくらい市場では変化が起こっている。「電子機器」という特定の側面であっても、たまごっちをいじっていた層とアイフォンをオモチャ代わりに使っていた層が、同じ価値観を持っているはずがない。

前述の①、②のように、Z世代を検証するうえでの視点のみならず、何年生まれ（何歳）のZ世代なのかを考慮することが、より混乱を招かず、丁寧な議論を生むと筆者は考える。

ここまでを簡単にまとめると、次の通りとなる。

① Z世代の特徴的な行動といっても、全員がやっているわけではないことの方が多い。
② 何をいつ頃消費していたかを比較して生まれる差が、その世代の普遍的な特徴である。
③ Z世代は17年にもわたる世代である。

（注）「思春期の者は、子供から若者への移行期として、施策により、子供、若者それぞれに該当する場合がある」とされている。

第2章

Z世代が歩んできた道

まず本章では、Z世代が歩んできた人生において、彼らに大きな影響を与えたと思われる環境の変化について述べていこう。電通若者研究部編『若者離れ 電通が考える未来のためのコミュニケーション術』(エムディエヌコーポレーション)によれば、Z世代は「経済の波」「教育制度の波」「情報量の波」という3つの変化の波を経験しているという。

これらの変化は総じてZ世代以外の世代も経験しているものではあるが、「生まれたときから」その環境下にいるZ世代＝**ネイティブ**と、その環境に適応していったそれ以前の世代＝**イミグラント**とでは、その変化に対する適応能力や変化そのものから受けるインパクトが異なる。「生まれたときから」その環境下に身を置く世代と、「その環境に適応していった」世代とでは、見出される価値観にも変化が生まれる。もちろん前章で述べた通り、Z世代のすべてが同一の価値観を持っているわけではないが、たとえば1つ目に述べる好景気を知らないということに関しては、Z世代のすべてが経験していることであり、間違いなくそれ以前のバブル世代とお金に対する考え方は違うといえるのではないだろうか。

本章では、昨今の情勢の変化を踏まえ、筆者なりにZ世代が通ってきた道を考察していきたい。

日本経済の停滞期しか知らない世代

Z世代とそれ以前の世代との大きな違いの1つは、経済の環境である【図表2－1】。Z世代は好景気を体験したことがなく、1996～2012年頃生まれの彼らが生まれたときにはバブルは崩壊しており、「失われた20年」の真っただ中であった。

1985年9月、アメリカの貿易赤字を改正するために、先進国5カ国での「プラザ合意」がなされると、ドル安に向けた各国の協調行動への合意が発表され、これを受け市場は急激な円高となり、不況に陥った。そこで、日本政府は公共事業拡大と低金利政策を実行することになり、個人・企業の含み益を増大させた。それらは、株式投資や不動産投資に回され、株式市場では株価が上昇し、不動産市場では地価が上昇。さらに、資産の増大によって担保価値や資産価値が増大することで金融機関による融資も膨らみ、バブル景気が起こった。

このバブル景気の恩恵を受けたのは１９６６～１９７０年頃に生まれた、バブル経済の好景気に沸く頃に社会人になった「バブル世代」である。年々給料が上昇したために、高級ブランド志向やレジャー志向が強く、お金の使い方が華やかな特徴がある。企業においても、新入社員研修を海外で行ったり、就活時にタクシー代が学生に支払われ、学生がお小遣い稼ぎのために就職活動をしていたという、都市伝説のような経験をした世代でもある。

しかし、１９８９年５月以

▼図表２－１　Ｚ世代の歩んできた道

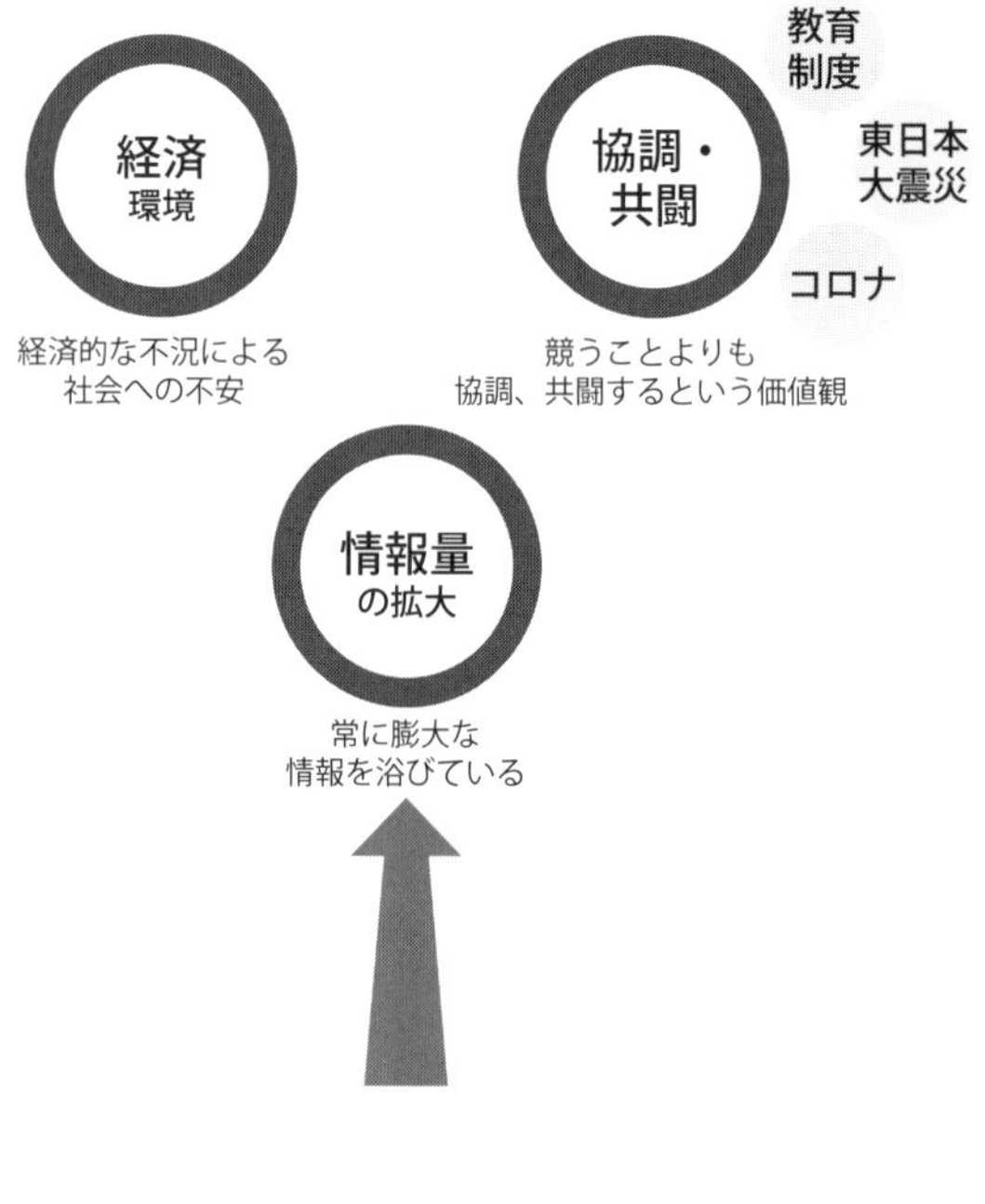

降、公定歩合が段階的に引き上げられた結果、1989年末に3万8915円だった日経平均株価は、わずか1年後の1990年末には2万3848円にまで下落した。また、地価の高騰を抑えるために1990年に政府が行った総量規制により、地価は下落し、バブル景気は崩壊していったのである。これを、第1次平成不況とも呼ぶ。

バブル景気自体は長くは続かなかったものの、個人家計のレベルでいえば、不景気を実感するのはまだ少し先であった。また、バブル消費の余熱が残り、景気が悪くなっても生活レベルを下げられない、いわゆる「ラチェット効果」により、人々は華やかな消費を繰り返していた。このことから、余波を含め、Z世代以前の世代はバブル経済の恩恵を多かれ少なかれ受けていたわけである。筆者のようなバブル崩壊中に生まれたY世代後期においても、親世代がバブル景気によって消費することから快楽を見出したり、消費そのものを楽しんでいた層であるがゆえに、記憶には残っていなくても幼少期に恩恵を受けた者も多いはずだ。しかし、Z世代においては、生まれた1996年頃は家計レベルでも不景気を実感する頃で、併せて1993年から1997年前半頃までの「カンフル景気」（公共投資による景気回復政策）も空しく、アジア通貨危機や金融危機などの第2次平成不況（1997年6月から1999年1月までの20カ月間）を迎えた。1999年から2000年頃にはITバブル景気を迎えたが、好景気を家計が実感する前にITバブル崩壊、デフレ不況などの第3次平成不況（2000年12月から2002年1月の14カ月間）となってしまい、継続的に好景気を体感することがなかった。

さらには、２００８年にリーマン・ショック、２０１１年には東日本大震災を経験しており、日本経済の停滞期しか知らない世代といえる。

65歳以上人口と15〜64歳人口の比率をみると、１９５０年には１人の65歳以上の者に対して12・１人の現役世代がいたのに対して、２０２０年には2・1人で、２０６０年には1・4人と推計されており【図表２－２】、若者は漠然としたイメージながらも、明るい社会が待っていないことはわかっている。

また、内閣府の「令和３年度国民生活に関する世論調査」では、日常生活での悩み

▼図表２－２　高齢者１人を支える現役世代の人数

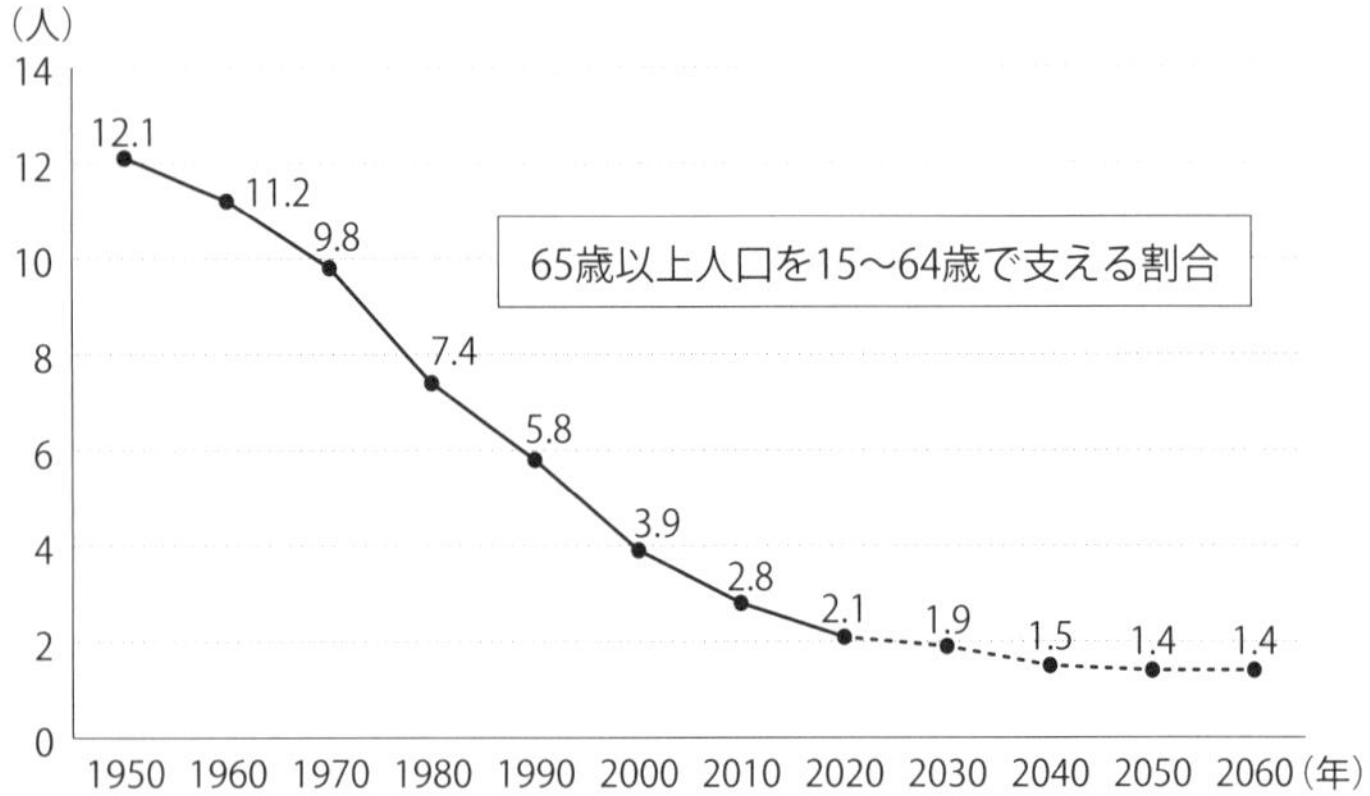

（出所）　内閣府「令和４年版高齢社会白書」より作成

や不安の内容として、30～59歳は「今後の収入や資産の見通し」が最も高くなっている。一方で、18～29歳は「進学、就職、結婚、子育てなど、自分の生活上の問題について」をあげた者が56・7％と最も高く、より短期的な不安を持っているといえる。

Z世代は、**日本の社会に対する「長期的な不安」と、「短期的な不安」を抱えている**のである。

「協力すること」を大事にする

Z世代は、教育制度や社会変動により、社会において競争することよりも、共闘や協力することの重要性をそれ以前の世代よりも認識している。その要因を、筆者は「**教育制度の変化**」「**東日本大震災の発生と新型コロナウイルス感染症の流行**」が関係していると考える。

まず、教育制度の変化からみてみよう。

「詰め込み教育」といわれる知識量偏重型の教育方針を是正し、思考力を鍛える学習に重きを置いた経験重視型の教育方針を目指した、いわゆる「**ゆとり教育**」が本格的に施行されたのは2002年から2010年であった。小中学校の学習内容が3割削減されたり、完全週休2日制が導入されたりした時期でもある。円周率が3・14ではなく一時期「3」が用いられていたという話は、教育関係者でなくとも聞いたことがあるだろう。この「ゆとり教育」の影響を最も受けたのはY世代である。しかし、1996年生まれのZ世代が小学校に入学したのはゆとり教育が導入された2002年であり、2004年に生まれたZ世代が小学校に入学する頃まで導入されており、Z世代の半分はゆとり教育下で勉学に励んだわけだ。

また、それ以降の若者も、「**絶対評価**」の影響を大きく受けている。脱ゆとり教育に向けて学習指導要領が改訂され、授業時間、授業内容ともに増加はしているが、「絶対評価」による成績判定を継続して導入している学校は多い。また、音楽や運動など、人それぞれ得意なことがあり、人の能力に優劣をつけること自体が教育現場から減り始めたのもこの頃からである。運動会では個人の順位がはっきりとつけられる競技が減り、チーム全体で優劣がつけられる種目を多くしたり、個人戦を避ける幼稚園、小学校もあるようだ。そのためZ世代は小さい頃から、競う機会がそれ以前の世代よりも少なくなっている。ただ、中学生以降になれば受験戦争や就職活動など嫌でも他人と競い合って限られた枠を確保しなくてはならないため、本質としては他人と競い合うこと自体がなくなったわけではないことに留意しておきたい。

3・11とコロナ禍が与えた影響

次に「東日本大震災の発生と新型コロナウイルス感染症の流行」である。

2011年の東日本大震災、2020年からの新型コロナウイルス感染症の流行など、Z世代は若い頃に日本の未曽有の危機を経験している。どちらも、日本全体を巻き込む大事態であった。被災地のために自分は何ができるのか、コロナ禍で感染拡大を防ぐために何をするべきかなど、国民一人ひとりが使命感を持って問題に向き合い、同じベクトルを向いて協調・共闘する必要があった。そのため、Z世代は**人と人とが協力する必要性を身をもって経験している**。東日本大震災発生時はSNSも活用され、被災地や医療現場の様子をよりリアルに知ることができるようになった。コロナ禍では、医療現場の逼迫した状況を目の当たりにするなかで、食品やマスクの買い占め・転売など、自分さえよければいいという行動が、SNS上で晒しあげられる様子もみている。そのため、Z世代は社会において足並みを揃えて歩んでいくうえで、**何が悪で何が善なのかを判断する1つの尺度として、人々のSNSの投稿やその反応を捉えている**のである。

Column

オンライン中心の大学生活が就職観に与えた影響

新型コロナウイルス感染症の流行は、大学生活に大きな影響を及ぼした。2023年3月13日をもってマスクの着用が個人の判断に委ねられることになり、卒業式にノーマスクで参加した、といったニュースも聞かれたが、コロナ禍が完全に終息したわけではない。そして、コロナ禍前の生活様式に戻ったとしても、Z世代がこの時代に学生であり、学生生活においてコロナ禍の様式を強いられたという事実が変わることはない。

たとえば2001年生まれは、大学に入る2020年に新型コロナウイルス感染症が流行し、ステイホームという新しい生活様式のなかで大学生活を過ごしてきた。2019年はおよそ半分の大学生が週5日登校であったが、2020年は0日登校（登校なし）の割合が最も高い［図表2−3］。大学生活のはじめの1年間がオンライン中心であったことによって、授業前後の空き時間に交友関係を広げる機会がなく、サークルや部活動等ができなかったことで学科の壁を越えた交流も深まらなかった。

そのため、彼らの大学生時代の経験や思い出などは、それ以前の世代とは大きく異なっている。企業の面接では「学生時代に力を入れていたこと」がよく問われるものだが、人事担当者が、ギャップを感じる局面も出るだろう。

コロナ禍は、就職観にも影響を与えた。DYMが２０２２年３月に就職活動中の学生を対象に実施した調査では、入社する際に重視する項目として**「テレワークやリモートワークなど場所にとらわれない働き方」**が１位となっている**【図表２－４】**。

２０２０年以後に就職活動を行う学生は当面、企業選びの主軸の１つにコロナ禍で培ってきた経験や価値観が影響していくだろう。

すでに働いているＺ世代についても仕事観は変化しており、パーソル総合研究所の調査（２０２２年）によると、在宅勤務希望者は、20代前半では45％にのぼる**【図表２－５】**。

▼図表２－３　１週間の登校日数の割合の変化（大学生）

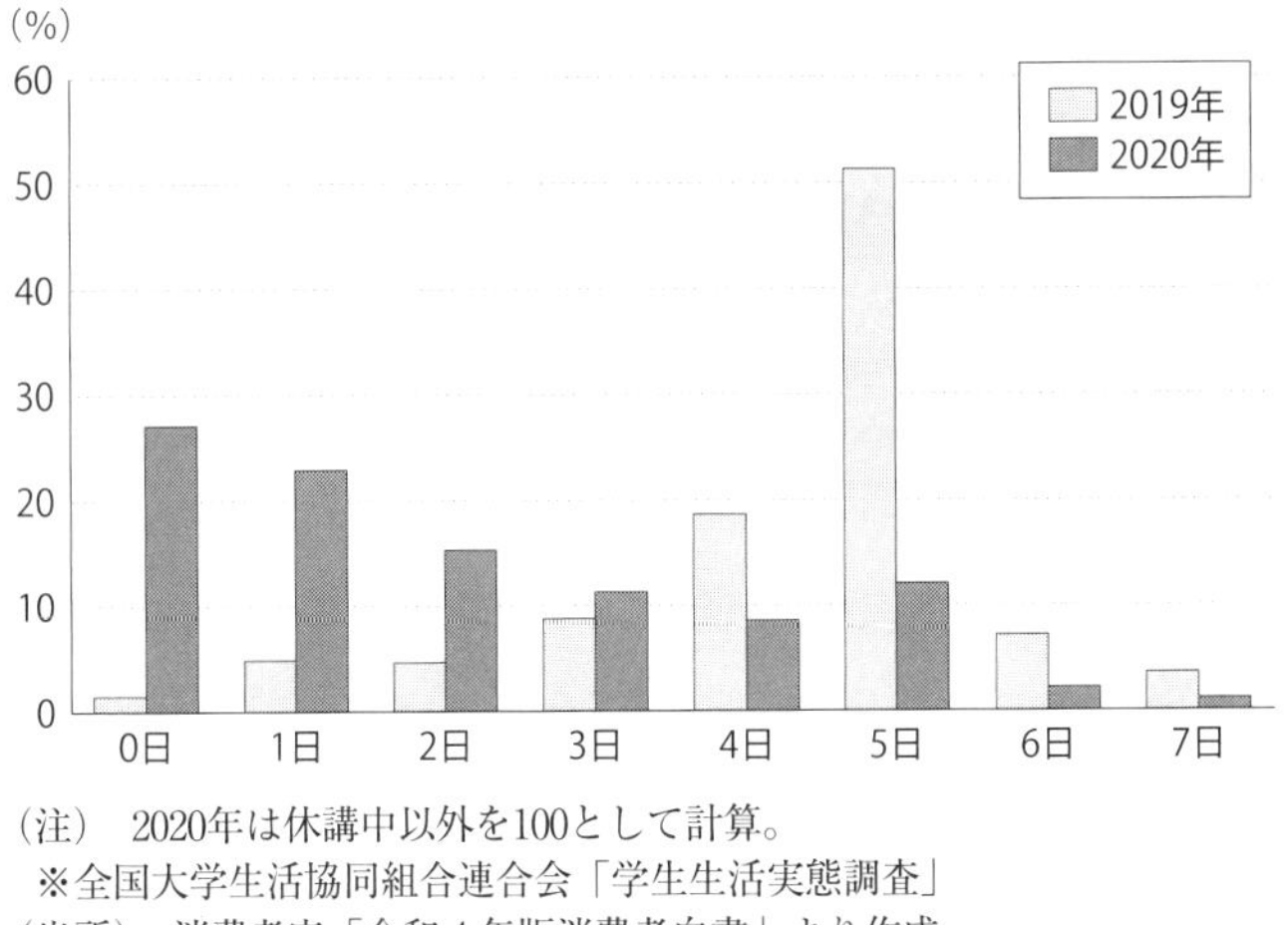

（注）　2020年は休講中以外を100として計算。
　※全国大学生活協同組合連合会「学生生活実態調査」
（出所）　消費者庁「令和４年版消費者白書」より作成

▼図表２－４　入社の際に重視すること（複数回答）

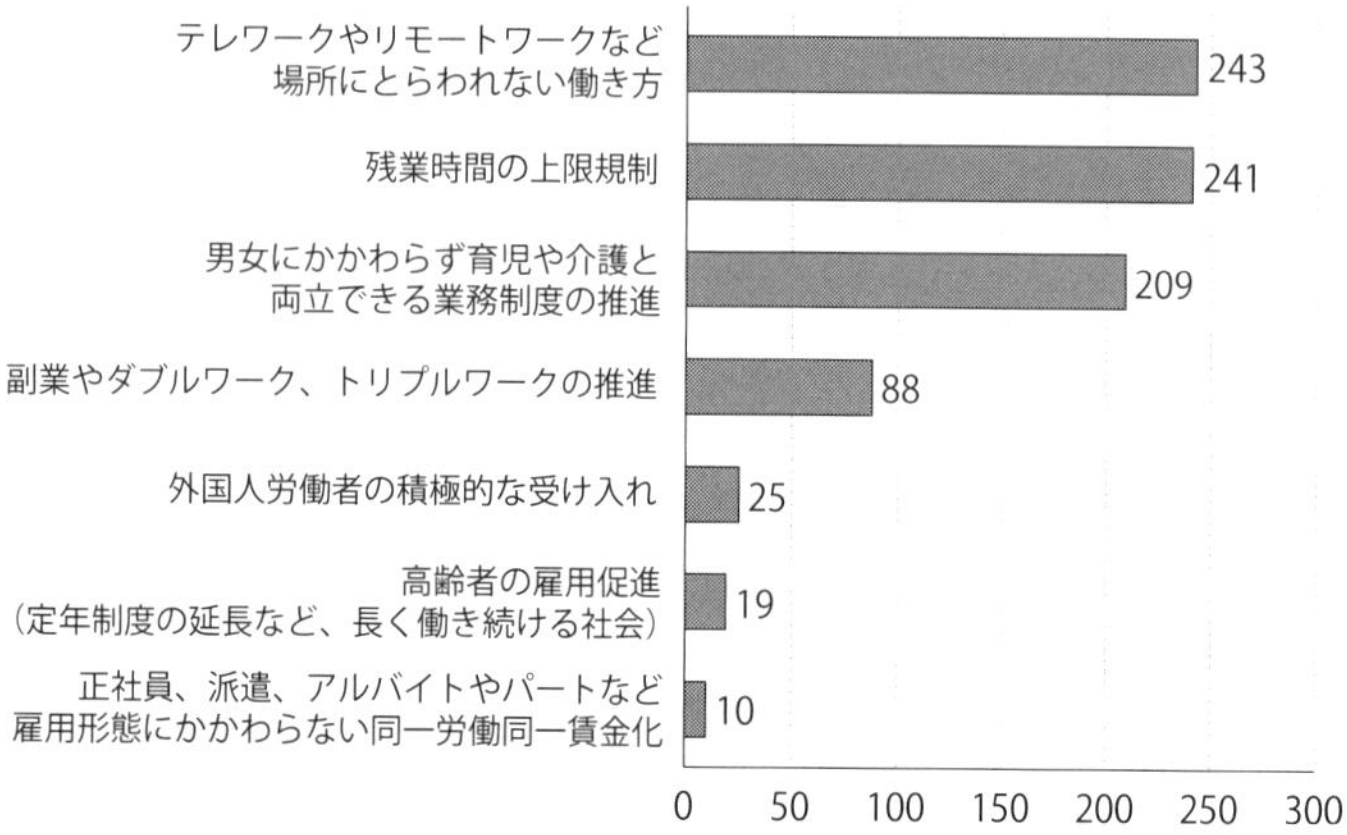

（出所）　DYM「『入社する時に重視する項目』に関する意識調査」（2022年４月22日）より作成

▼図表２－５　働く場所の希望等

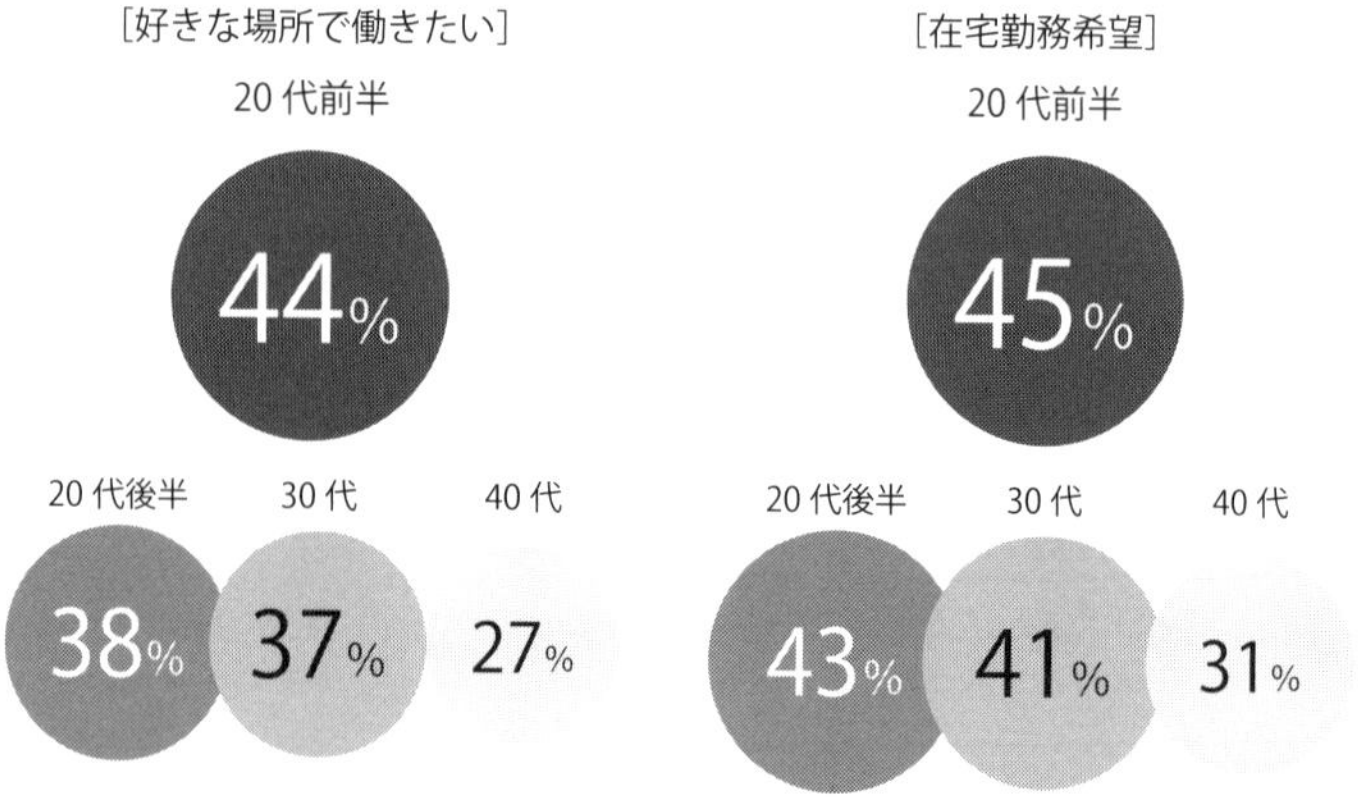

（出所）　パーソル総合研究所「働く10,000人の就業・成長定点調査2022」（2022年８月18日）より作成

情報量の爆発的拡大

「情報量の急増」も、Z世代に影響を与えた。情報が増えることにより消費方法や消費そのものの選択肢が増えた現代において、選択をするということは骨の折れる作業である。

話はそれるが、アメリカで行われた「ジャムの実験」をご存知だろうか。Iyengar & Lepper（2000）は、スーパーマーケットで、24種類のジャムを置いた場合と、6種類しか置いていない場合の2つの条件で試食をしてもらい、どちらが売り上げがよいか比較を行った。その結果、24種類の場合は立ち寄った顧客のわずか3%しかジャムを買わなかったのに対して、6種類に絞った場合は立ち寄った顧客の30%が購買したという。

これは、多すぎる選択肢は消費者にかえって負担となり、結果として購買意欲を低下させる効果があることを示しており、**「選択のオーバーロード現象」**といわれる。

話を戻すが、世界のデジタルデータ量は2018年の30ゼタバイトから、2025年には175ゼタバイトに成長すると予想されている**【図表2-6】**。我々の馴染み深いギガバイトで換算すると1ゼタバイト＝1兆ギガバイトとなり、１７５ゼタバイトが途方もない数字であることが認識できるだろう。

また、我が国のインターネットトラヒックは新型コロナウイルス感染症の感染拡大直前の２０１９年11月から２０２１年11月までの2年間で約2倍に増加【図表２－７】。社会経済のデジタル化などに伴い、今後も増加が続くことが見込まれている。

年々情報量が増加していくなかで、我々にますます情報の取捨選択が強いられる時代が訪れる。その情報を選択することが困難になったとき、消費にどのような影響を及ぼすかは、ジャムの実験を振り返ればわかるだろう。

▼図表２－６　世界のデジタルデータ量

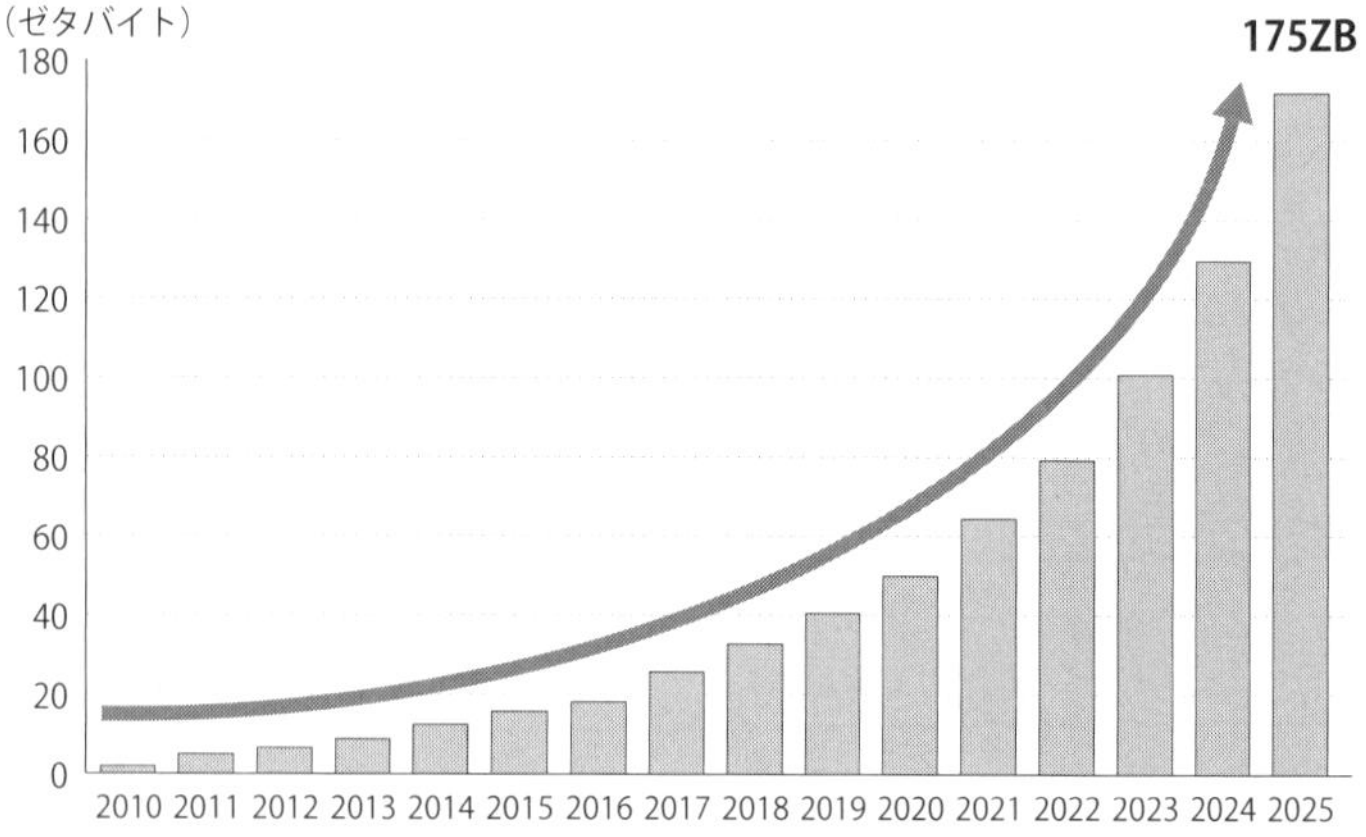

（出所）IDC White Paper "Data Age 2025"（2018年11月）より作成

▼図表2－7　日本のインターネットトラヒックの推移

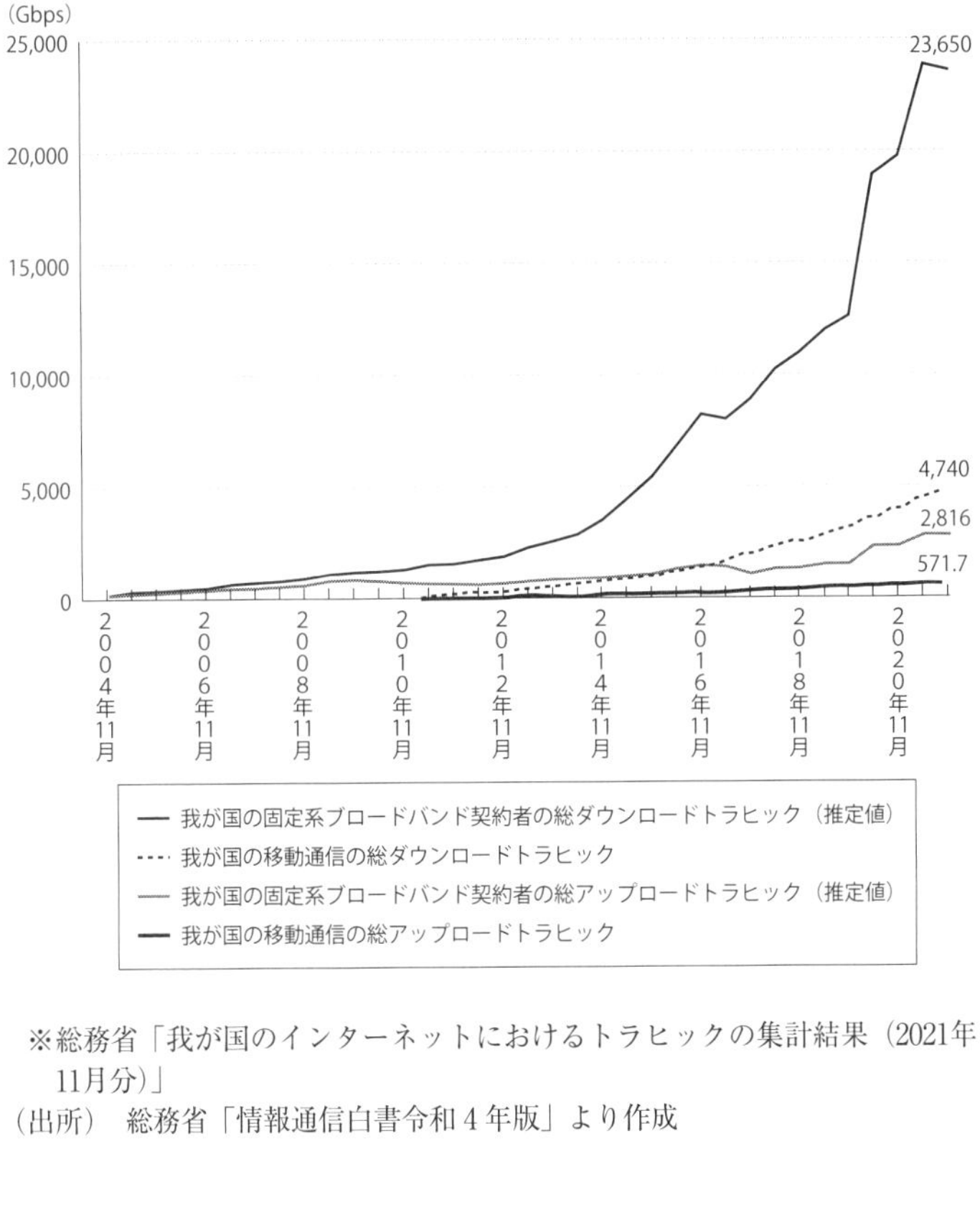

※総務省「我が国のインターネットにおけるトラヒックの集計結果（2021年11月分）」
（出所）　総務省「情報通信白書令和4年版」より作成

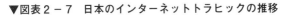

ＳＮＳ漬けは当たり前

莫大な情報量のなかでＳＮＳの担う役割は大きく変化し、Ｚ世代はＳＮＳ漬けになっている日常が当たり前と考えている。ＳＮＳを通じた自己表現はＹ世代も行っていたが、特に**Instagram（インスタグラム）においては文字ではなく画像や動画によって自身が発信されている**ため、自身の生活や嗜好が視覚化されていく特徴がある。〝A Picture Tells A Thousand Words〟（１枚の写真は１０００語に匹敵する）という決まり文句があるように、Ｚ世代は日々の何でもない動画から異国で食した怪しい料理まで、他人と共有することで、自分がどのような人間なのか発信しているのである。

また、ＳＮＳがインフラ化したことで二重の意味で「切れなくなっている」ことも、ＳＮＳ漬けになっている要因である。二重の意味とは、次の２つを意味する。

①　人間関係が途切れないこと
②　常時接続されていること

まず、①人間関係が途切れないという点である。SNSによって従来ライフステージごとで切れることの多かった人間関係が途切れにくくなっている。総務省情報通信政策研究所の調査によると、ツイッターの利用率は10代67・4％、20代78・6％（全年代は46・2％）、インスタグラムは10代72・3％、20代78・6％（全年代は48・5％）、TikTokは10代62・4％、20代46・5％（全年代は25・1％）であり、Z世代の多くは何らかのSNSを使用している【図表2-8】。Z世代はSNSにおいて、**自身の実社会での交友関係に基づいてつながる〝本アカウント〟と呼ばれるアカウントを保有し、ネット上で実社会における人間関係の延長線として交流する傾向がある。**そのため、小学校や中学校などの旧友とSNS上で再びつながり合うことも珍しくない。

次に②常時接続されているという点に関してである。mixi（ミクシィ）やFacebook（フェイスブック）は主にブログと呼ばれるネット上の日記や近況報告に対してコメントをすることでコミュニケーションがとられていたため、誰かが近況について更新しない限り新しい情報が入って

▼図表２－８　主なソーシャルメディア系サービス／アプリ等の利用率

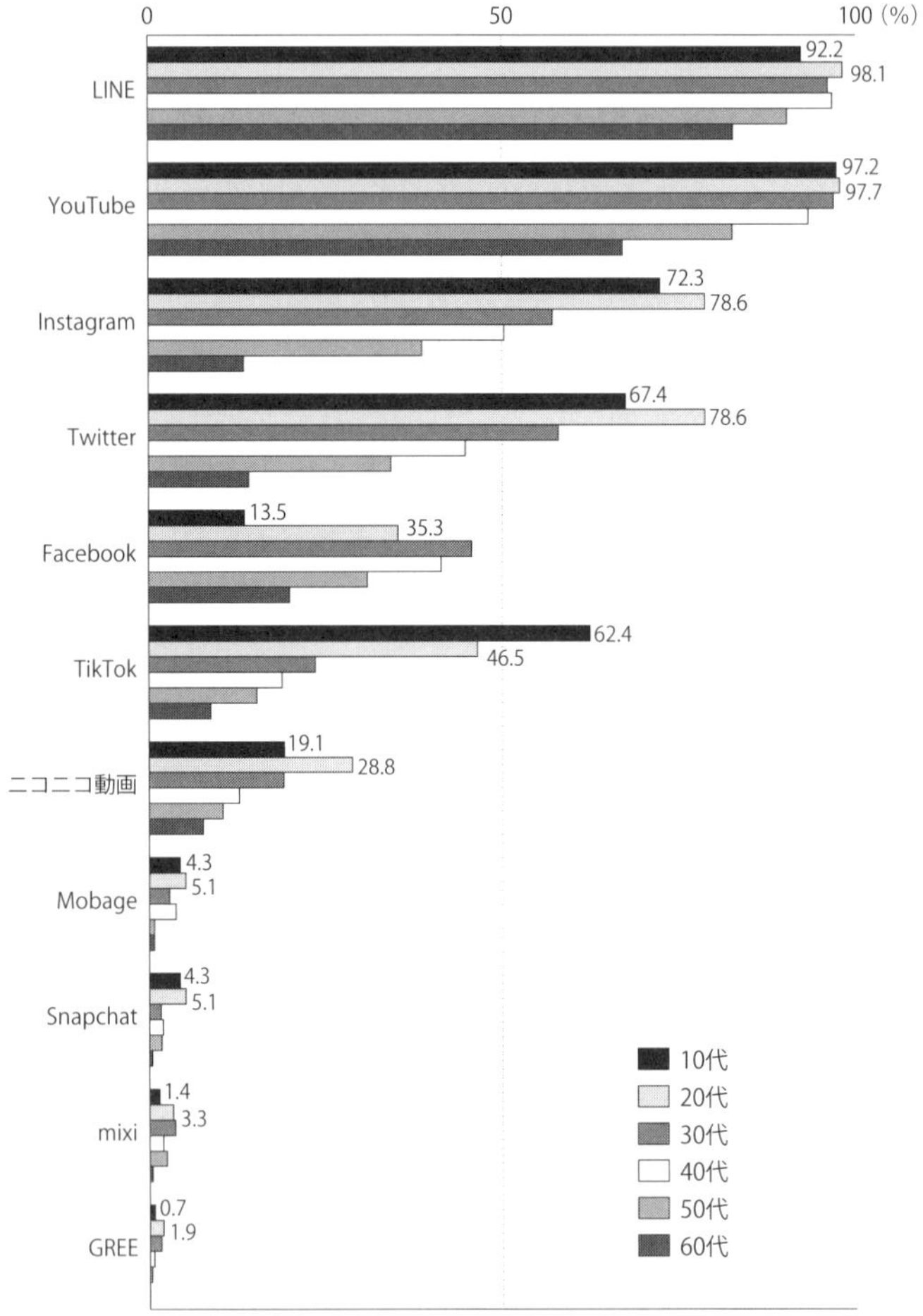

（出所）　総務省情報通信政策研究所「令和３年度情報通信メディアの利用時間と情報行動に関する調査」（2022年８月26日）より作成

くることはなかった。しかし、ツイッターやインスタグラムなどは、実社会における人間関係とつながるというよりは、面識がなくても興味がある情報を発信する人とつながり、情報収集としての位置づけで使われることが一般的である。そのため、**常に新しい情報がタイムライン上にあふれ、情報の波が途切れない**のである。

本章では、Ｚ世代が歩んできた人生において、彼らに大きな影響を与えたと思われる環境について述べた。次章では、市場の変化に着目し、Ｚ世代を考えよう。

第3章

Z世代と3つの市場変化

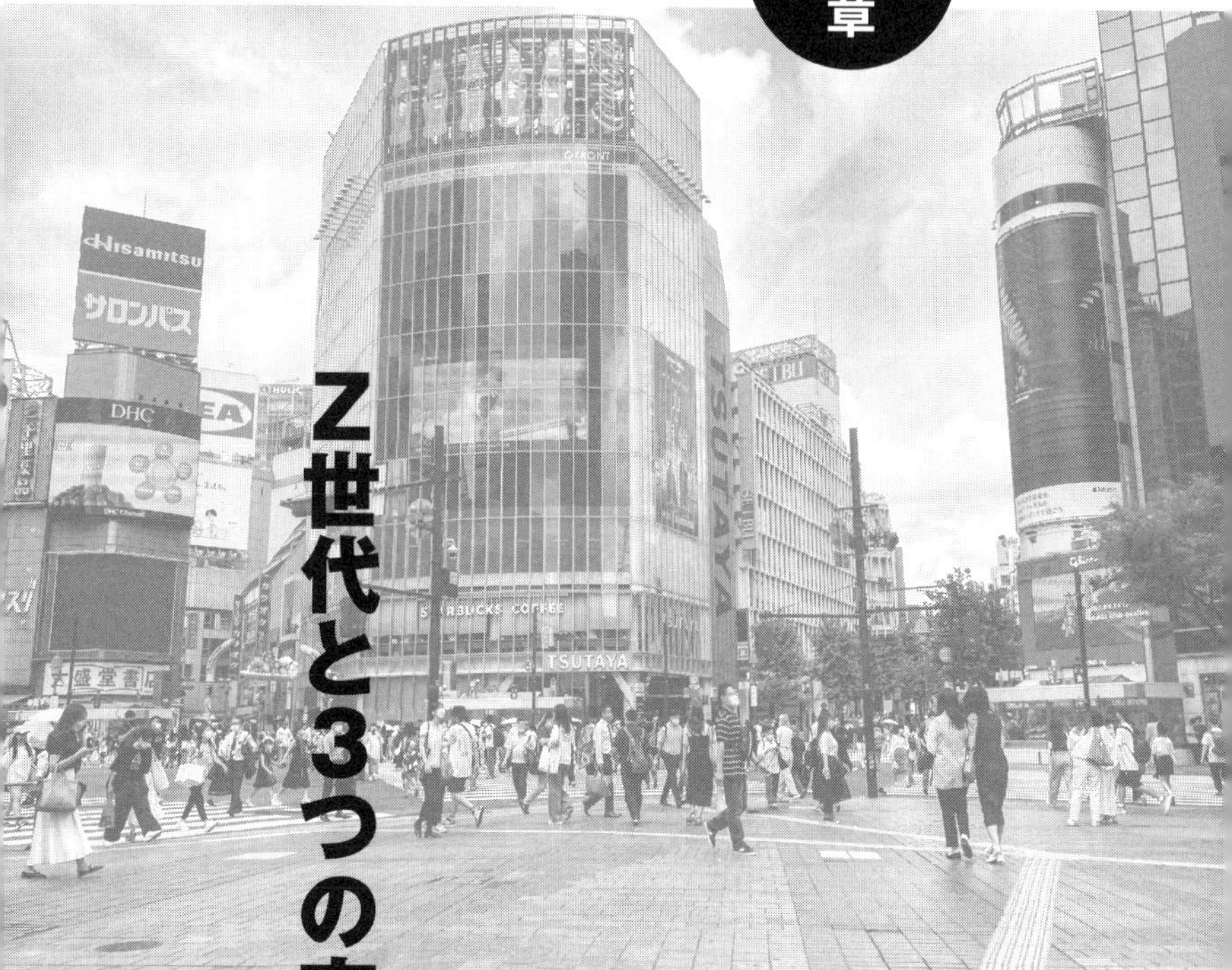

デジタルネイティブ──「スワイプ」による取捨選択

筆者はZ世代が大きな影響を受けた市場変化として、①**デジタルネイティブ**、②**フリーミアム**、③**サブスクリプション**の3つがあると考えている【図表3−1】。

「デジタルネイティブ」とは、学生時代からインターネットやパソコンのある生活環境のなかで育ってきた世代のことを指す。インターネットの登場により、情報を詮索するのにかかるコスト・時間は低減し、日常に情報があふれるようになってきた。1997年のインターネット利用率は10％を下回っていたが、2006年には70％以上に上昇している【図表3−2】。1996年生まれは、インターネットとともに成長していった世代であり、彼ら1996年前後に生まれた現代の若者たちは、「**ネオ・デジタルネイティブ」と呼ばれることもある。**

また、物心ついた頃から学生時代にかけて携帯電話やホームページ、インターネットによる検索サービスに触れてきた筆者のようなY世代を「デジタルネイティブ第1世代」、ブログ、SNS、動画共有サイトのようなソーシャルメディアやクラウドコンピューティングを使いこなして青年期を過ごすZ世代を「デジタルネイティブ第2世代」と分類することもある。

分類方法や、呼び方は研究や書籍等によって異なるだろうが、どちらにせよZ世代は、生まれたときからインターネットやパソコンのある生活環境のなかで育ち（1995年にウィンドウズ95が発売）、日常における選択機会にインターネット技術を用いた方法が存在している世代といえるだろう。

Z世代は、小学校に上がった頃には

▼図表3－1　Z世代が大きく影響を受けた3つの市場変化

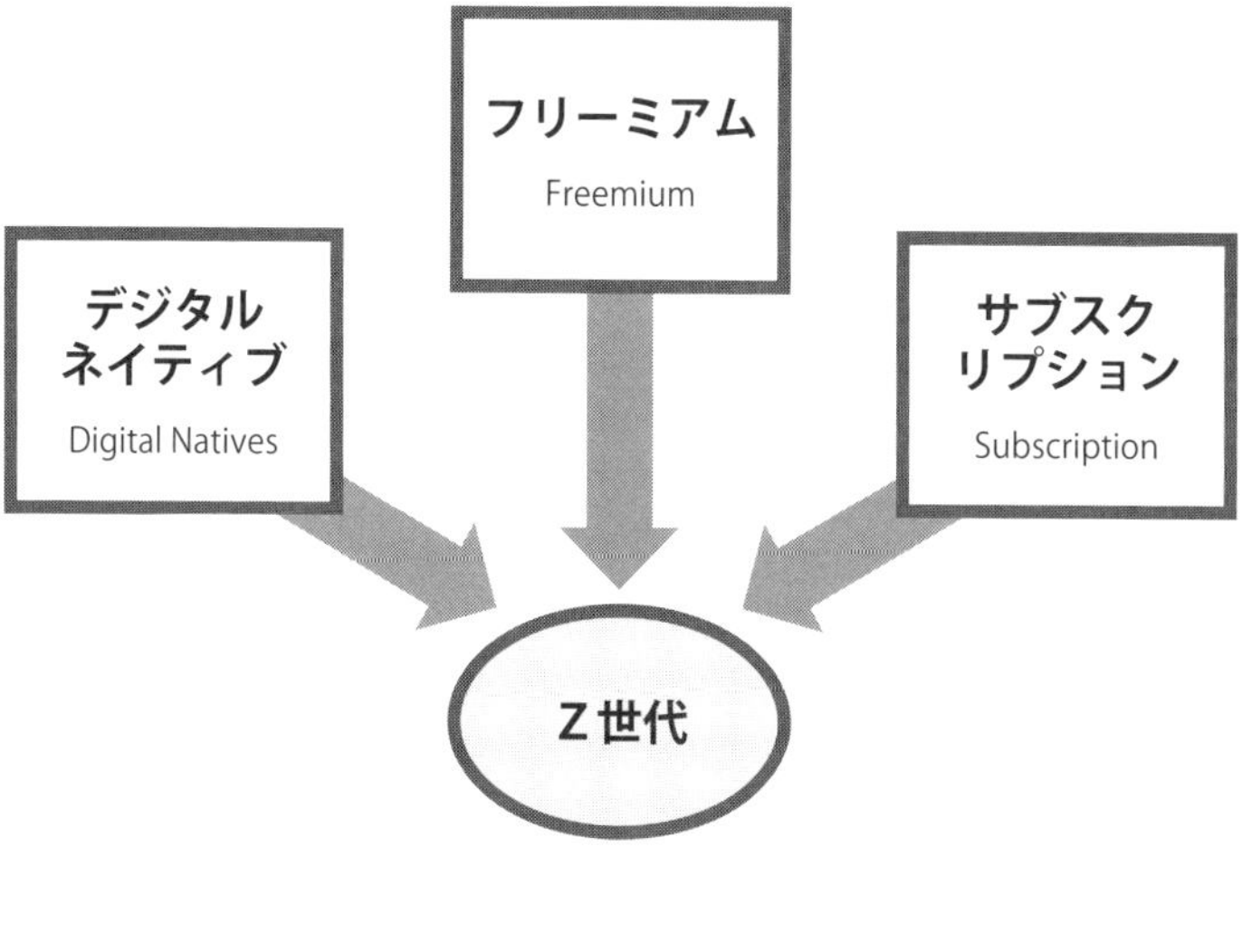

「Wikipedia」が存在しており、学習において紙媒体の辞書や百科事典を使わずに、Wikipediaにより、効率よく情報を収集していた世代である。2000年代中頃以降においては、「ウェブ2・0」という言葉が流行したように、ウェブの新しい利用法として、情報の収集のみならず、情報の発信ツールとしてインタラクティブにネットが使用されるようになる。その結果、バズマーケティングと呼ばれるような、ネットで情報交換される口コミによって拡散を狙う手法が広がる。「食べログ」が誕生したのもちょうどこの頃（2005年）であり、彼らは食事に限らず他人のつけた評価を自身の選択の指標の1つとして用いることが当

▼図表3－2　インターネット利用率（個人）等の推移

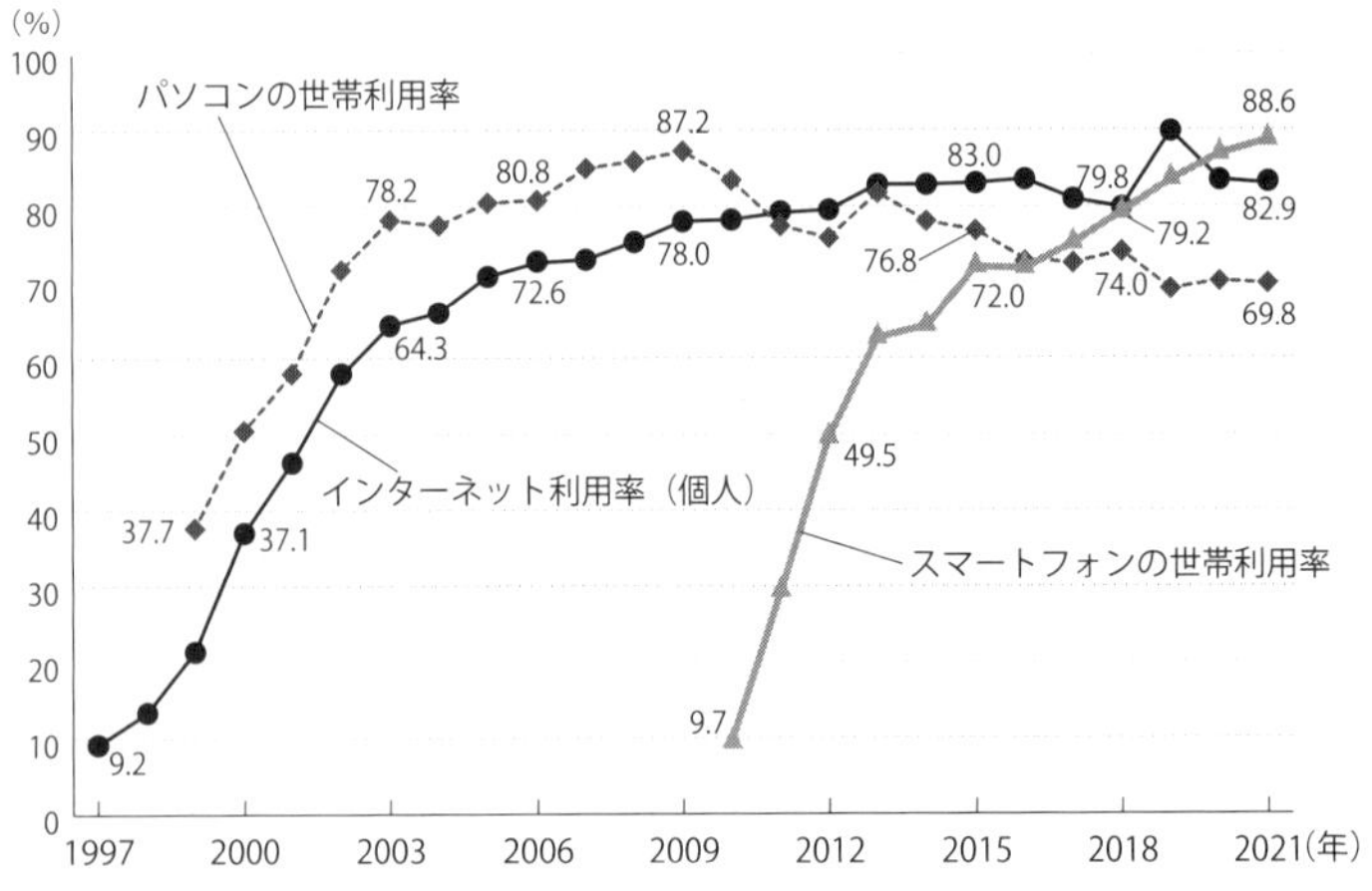

（出所）総務省「通信利用動向調査」より作成

たり前な世代なのである。

その後、アイフォン3Gブームを皮切りにスマートフォンの普及が進むと、人々はますます自身では消化しきれないほどの情報を日々浴びることとなる。その結果、「NAVERまとめ」のような情報集約系サイトで「情報を大まかに把握する」ことが主流となった。若者においては**「ツイッター」や「インスタグラム」をはじめとしたSNSで、流れてくる社会情勢やトレンドを文字通り指で流しながら（スワイプ）、流し読みしている。**従前、新聞の一面を流し読みしていた時代とは比にならない量のある情報を、若者は指先1つで取捨選択しているのである。

また、Z世代は生まれたときから消費方法の選択肢として、インターネットという手段が存在していた。1999年にYahoo! JAPAN（ヤフー）により、日本向けヤフーオークションのサービスが開始され、2000年にはアマゾンジャパンがサービスを開始している。それ以前の世代が、インターネットの登場に伴い、消費の方法としてインターネットを新たに受け入れる必要があったのに対して、Z世代は、**インターネットショッピングという選択肢がない時代を知らない。**従前はインターネットショッピングの多くがクレジットカード決済のみで、若者にとっては利用しづらい側面もあったが、近年ではコンビニ払いやブランドプリペイドカードによる決済が可能になり、中高生でも容易にネットショッピングが可能になった。自ら商品を出品して売買を行う**「フリマアプリ」の活用にも積極的である。**

Column

フリマアプリの普及

デジタルネイティブ世代は、生まれたときから消費方法の選択肢が多様化していた世代である。

1996年生まれのZ世代を例にあげると、彼らが中学生になる2008年から2009年にかけてはH&MやFOREVER21が日本に上陸するなど、ファストファッションブームが起きた。若者は海外ファストファッションブランドや、1990年初頭にフリースでその地位を築いたユニクロやしまむら、Honeys、WEGOといった低価格ブランドを賢く組み合わせて、**お金をかけずにファッションを楽しむようになる。**

ここでは、特に、最新の消費方法である「フリマアプリ」の普及状況についてみてみたい。フリマアプリが登場したのは2012年頃であるが、彼らが大学生であった2016年にはメルカリが初めて黒字化するなど、チャネルの選択肢としてフリマアプリが浸透した頃である。

インターネット利用率を年代別にみると、13歳から50代までの利用率は90％以上で、60代も80％以上である【図表3－3】。

一方、フリマアプリ（購入）の15～19歳の利用率は概ね半数に達しているが、40～60代の利用率は低い【図表3－4】。40～60代も多く利用するインターネットオークションと比べると、若者の利用率の高さは特徴的といえる。

また、SMBCコンシューマーファイナンスの10代を対象とした「10代の金銭感覚についての意識調査 2022」（2022年8月25日）によると、18・9%がフリマアプリで収入を得ているといい、「得ていないが、得たいと思う」の46・4%をあわせると、6割以上が前向きである。

経済産業省の「令和3年度電子商取引に関する市場調査」（2022年8月12日）によると、2021年の個人間EC（C to C-EC）推定市場規模は2兆2121億円

▼図表3－3　年代別インターネット利用率（2021年）

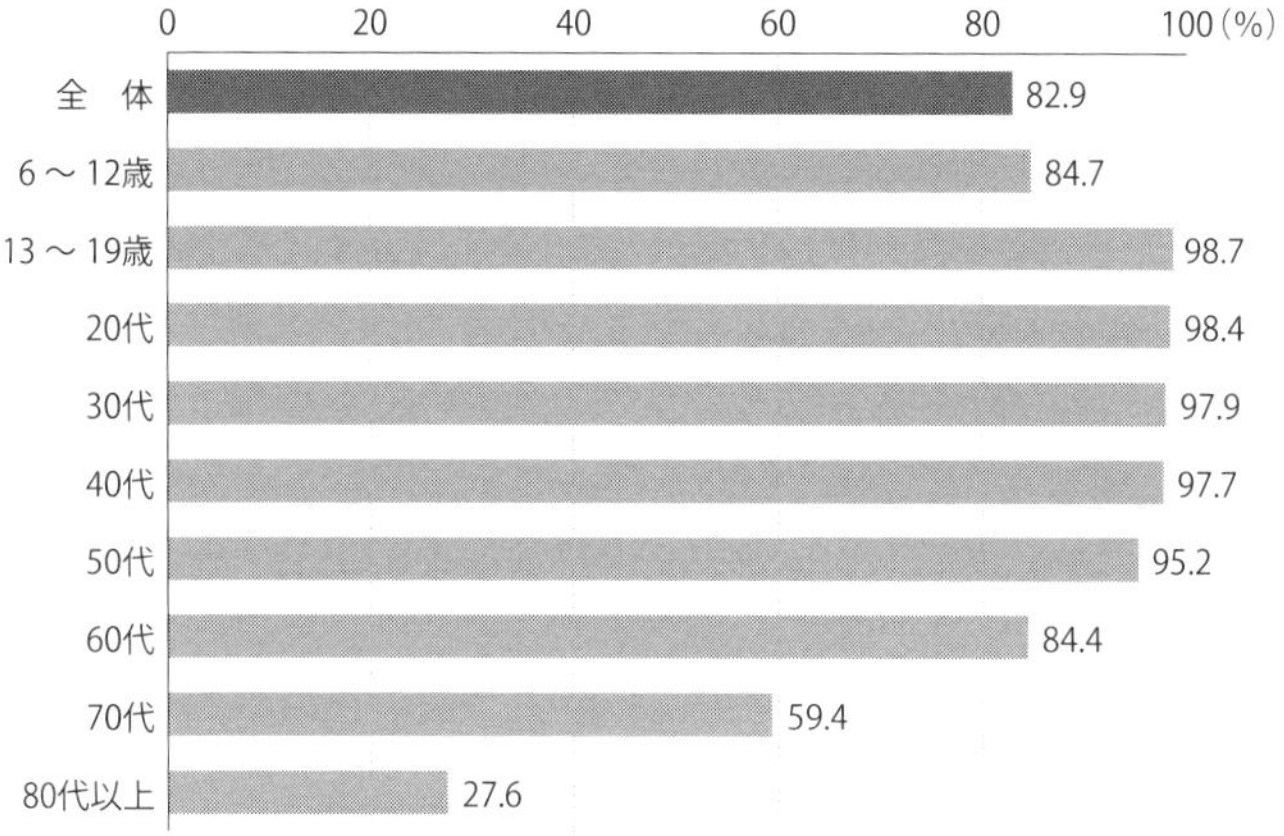

（出所）　総務省「令和3年通信利用動向調査」（2022年5月27日）より作成

（前年比12・9％増）となり、フリマアプリ市場の成長が市場の拡大に貢献している。

フリマアプリは、若者にとって、身近なチャネルの1つとして受容されているのである。

▼図表3－4　フリマアプリの利用率

（％）

		全体	**15〜19歳**	20代	30代	40代	50代	60代
フリマアプリ	購入	22.2	**47.3**	36.3	30.9	18.0	13.7	8.6
	出品・販売	18.2	**38.9**	33.5	27.4	14.3	9.5	5.1
インターネットオークション	購入	22.4	13.3	16.2	23.3	27.0	27.1	19.6
	販売	11.0	5.9	8.3	13.5	14.3	12.6	7.7

（出所）　博報堂生活総合研究所「消費１万人調査」（2019年７月16日）より作成

フリーミアム——21世紀の「無料」のビジネスモデル

「フリーミアム」とは、基本的なサービスや製品は無料で提供し、さらに高度な機能や特別な情報については料金を課金する仕組みのビジネスモデルのことである。

20世紀から、商品を無料で配ったり、ある商品を無料と称し呼び水として他の商品を売ったりするビジネスモデルは存在していた。「タダより高いものはない」という言葉があるように、無料で商品をもらった以上の対価を期待されるという意識は我々に深く根付いている。無料で商品をもらう「行為」の対価として結局お金を使うことになるのが20世紀の「無料」のビジネスモデルといえるだろう。

一方、21世紀の「無料」は、そのビジネスモデルの性質が異なる。2009年にクリス・アンダーソンの『フリー〈無料〉からお金を生みだす新戦略』（NHK出版）がベストセラーになったことを覚えている人もいるかもしれない。

彼によると、主にデジタルコンテンツは無料であることを前提に、収益を生み出す仕掛けの必要があるという。**21世紀の「無料」は、そのサービスを無料で使用するユーザーである大勢の「フリーライダー」と、一部の課金ユーザーである「プレミアムユーザー」の2つの存在で成り立っている。**無料で最低限の機能を使えればよいと考えるフリーライダーと、課金することで得られる便益に対して価値を見出すプレミアムユーザーは、1つのサービス内で棲み分けされており、課金したいと思う消費者の存在によってそのサービスが継続しているといえる【図表3－5】。また、従来の「無料」と同様に、フリーライダーはサービスを無料で利用する対価とし

▼図表3－5　フリーミアム

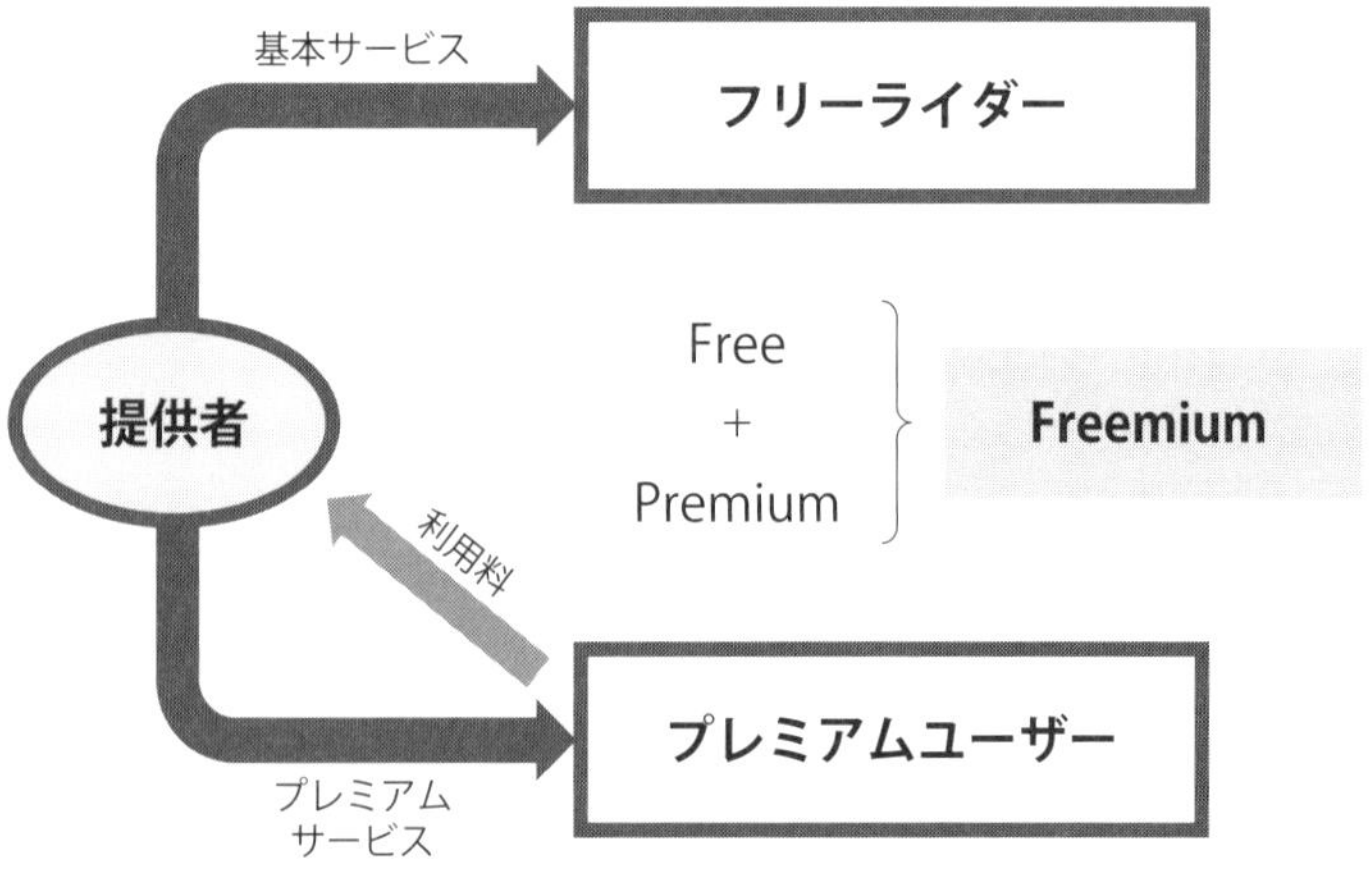

て、サービス利用時に広告視聴が強要されることも一般的である。

Z世代はこの21世紀の「無料」が物心ついたときには整っていた世代である。基本プレイ無料のスマホゲームは、その身近な例といえる。また、新型コロナウイルス感染症の流行に伴い普及した「Zoom」をはじめ、オンラインミーティングツールでは無料の基本サービスと、より充実した有料サービスを消費者は選ぶことができる。Z世代は、そのようなフリーミアムな消費を行う機会が消費行動を始めたときから多く存在しており、**「無料で消費することで満足できるモノならば、わざわざお金を払う必要がない」という価値観を持つ者も多い。**一方で、スマホゲームなどへの課金や、自分が推している人に対して「投げ銭」と呼ばれるインターネットを通じた送金を行うなど、**サービスの拡充やコンテンツを支援するためには、自ら進んで支出を行うという価値観も定着している。**

サブスクリプション――「所有」から「利用」へ

「サブスクリプション」とは定期購読の意味であり、月額使用料を支払うことで、サービスを利用できたり、モノをレンタルできるサービスのことである。Amazon PrimeやNETFLIXをはじめとした動画ストリーミングサービスや、Spotify、Apple Music、YouTube Music、Amazon Musicなどの音楽ストリーミングサービスが代表的で市場が拡大しているが【図表3－6、3－7、3－8】、現在ではそのほかにも多種多様なサービスが展開されてきている。自動車や家具、家電製品、ブランド物のバッグをはじめ、焼き肉チェーンである「牛角」が焼き肉食べ放題のサブスクリプションを販売し、話題となったこともあった。

経済学者であるセオドア・レビットは「ドリルを買いにきた人が欲しいのはドリルではなく『穴』である」という有名な格言を残しているが、Z世代のなかには、**必要なモノをわざわざ購**

▼図表3－6　有料映像コンテンツの利用率

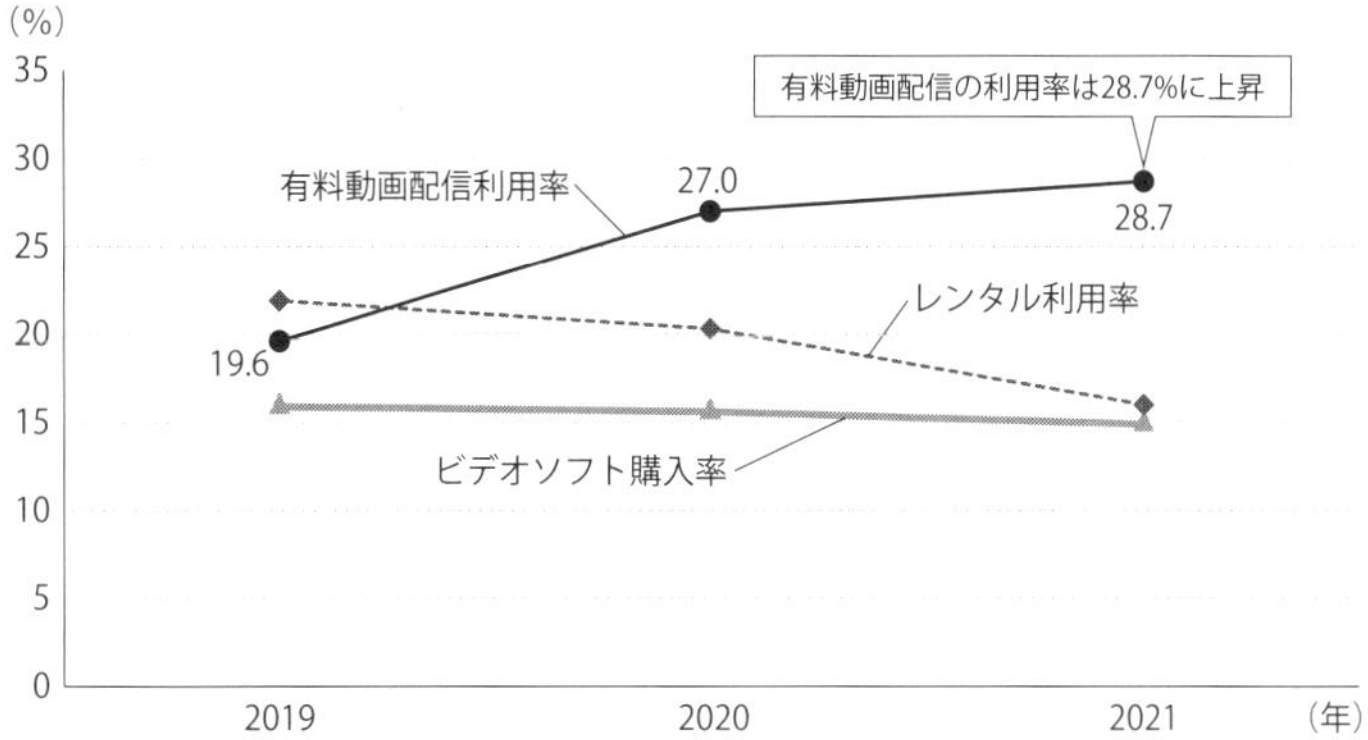

（出所）　日本映像ソフト協会・文化科学研究所「映像ソフト市場規模及びユーザー動向調査2021」（2022年５月）より作成。図表３－７も同じ。

▼図表3－7　有料動画配信のサービス別利用率

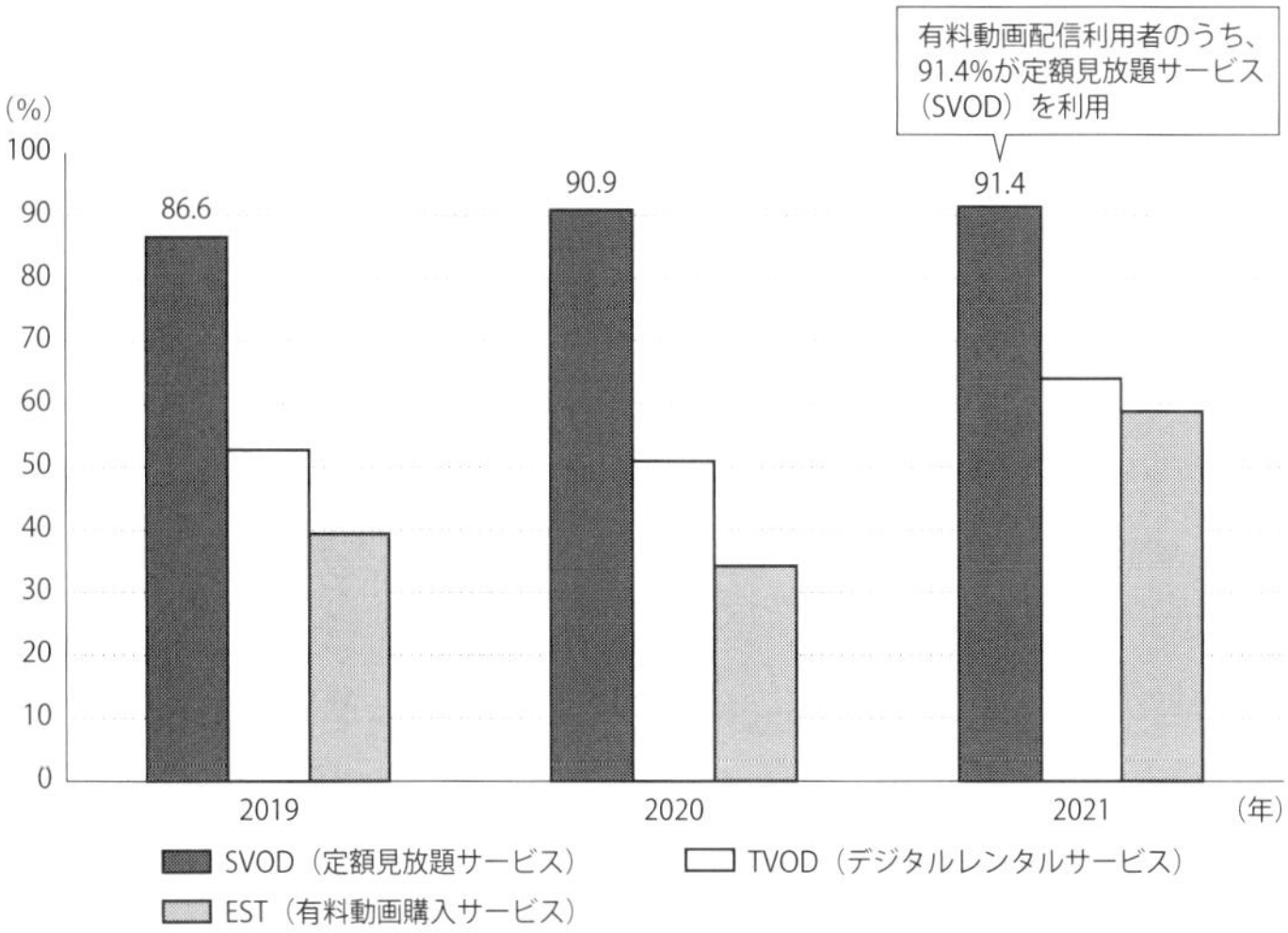

入するのではなく、サブスクリプションやレンタルを利用することで目的を達成するという価値観を持つ消費者も増えている。

Z世代においては、物心ついたときにはサブスクリプションという消費の選択肢が存在しており、モノを持つことで承認欲求を満たしていた「モノ消費」の世代とは異なる価値観を持っている。

モノ消費に価値を見出していた世代は、モノを購入することで物質的な豊かさを実感したり（1970年代）、流行やブランド品で他人と差別化しようとしたり（1980年代）するなど、所有に

▼図表3－8　音楽配信売り上げ

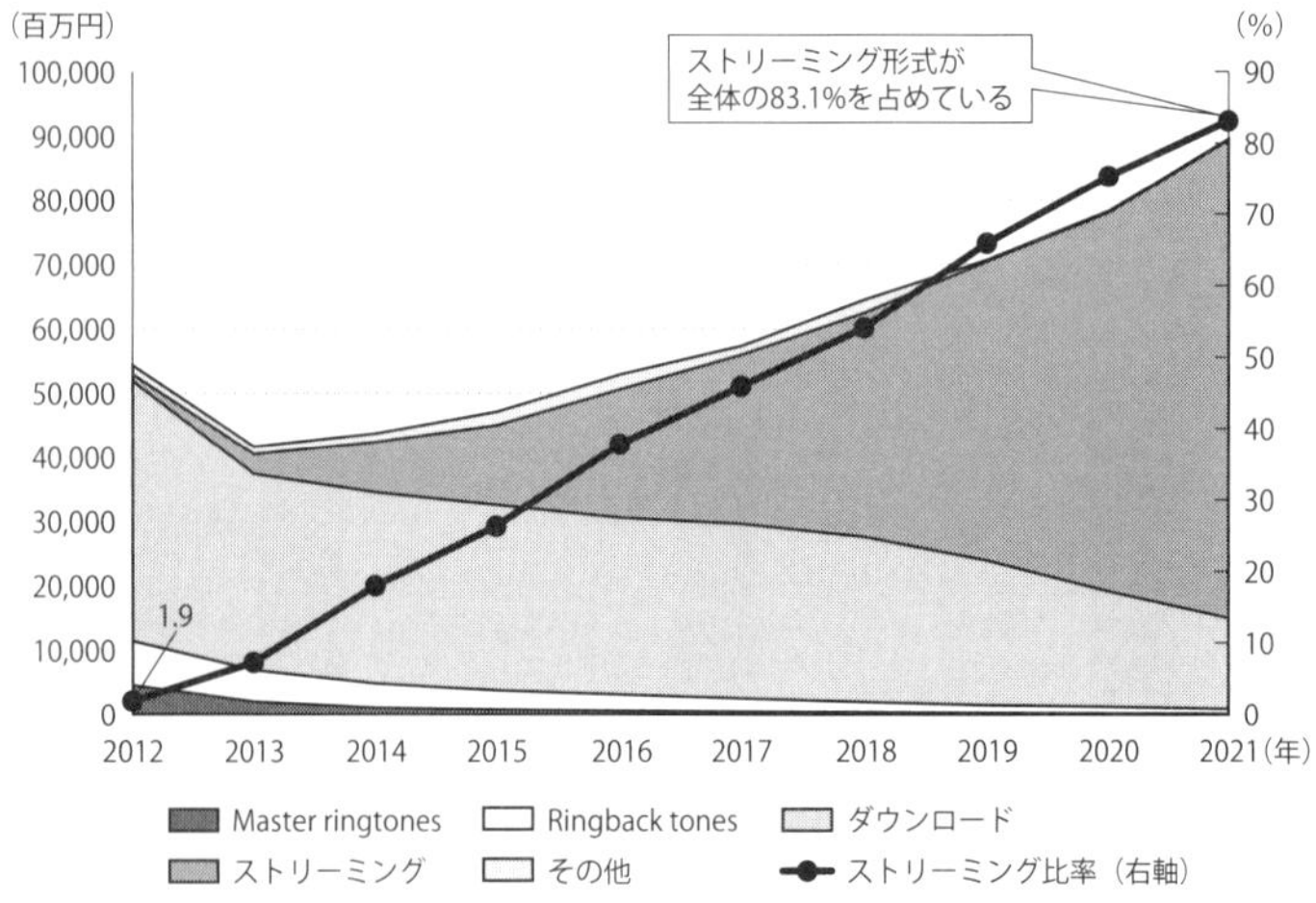

（注）　2016年までは、「ストリーミング」は「サブスクリプション」のみを含み、「広告収入」については「その他」に含まれる。
（出所）　日本レコード協会「音楽配信売上実績」より作成

重きを置いて物品が購入されていた。

しかし、モノより「コト消費」や「トキ消費」といった消費に対して精神的な豊かさを求めるようになった現代においては、所有することにお金を費やすことがステータスとなる価値観が薄れ、**モノを所有する意義を見出しづらくなった**。また、1つ1つモノを、あるいは、1回1回サービスを購入するのではなく、月額定額で使い放題になるサブスクリプションを利用することで、無駄な消費を減らし、消費の合理化を図ることができる。Z世代はこのような新たな価値観のもと、**サブスクリプションに対して最も抵抗感が少ない世代**であり、モノの「所有」ではなく「利用」を求めているといえる。

そして、インターネットの普及に伴い情報量が増えたことで、Z世代はそれ以前の消費者に比べて興味を刺激される機会が多くなっている。「インスタ映え」という言葉が流行したように、消費した結果をSNSに投稿し、他のユーザーからの反応を得ることを目的とした消費文化が若者を中心に定着。些細な消費結果を含めてSNSに投稿されるようになり、SNSを通じて他人の消費結果を知ることができるようになった。そのような投稿をみて消費欲求が駆り立てられても、投稿とともにタグづけられているハッシュタグをみれば、同じような消費結果があふれているのがわかる。**他人の投稿を消費の疑似体験と捉え、「それをわざわざ自分で消費（購買）する必要があるか」を検討することも、Z世代の消費行動の特徴といえるだろう。**

・自身の欲求を達成するうえで、それを所有するべきか否か。
・無料で済ますことができるのならば、無料の方法を選択するのか。
・そもそも、自身が消費する必要があるのか。

モノやサービスの消費に対してこういった慎重な姿勢がある点が、それ以前の世代に「若者は消費をしない」「若者の○○離れ」と、捉えられる要因の1つであると筆者は考える。

第4章

「ググる」より「タグる」——Z世代の情報処理の特徴

情報の波を渡っていくには

従来、主に情報取得手段がマスメディアであった頃、消費者は、メディアから送られてくる情報を受動的に受容してきた。また、対テレビ、対新聞、対書籍と、消費者がメディア発信媒体に触れるときは概ね1つのメディアからの情報に集中していたのではないだろうか。

しかし、インターネットの登場により我々はまさに、サーフィンをするかの如く、次から次へと「情報の波」に乗り、それを処理するようになった。さらに、SNSの登場により、自身も情報を生成する側に回った。

1人の消費者が生み出す情報は微々たるものかもしれないが、今や誰もが何かしらのSNSを利用しており、日々膨大な個人のつぶやきが、情報やコンテンツとして消費されている。ひっきりなしに途絶えることのない情報の波を、デジタルネイティブであるZ世代はどのように渡っているのだろうか。

ヒントは出会い系マッチングアプリにある。出会い系マッチングアプリにおいてユーザーは気になる異性を指で振り分けることで分類する。出会いのみならず、その日食事を楽しみたいレストランや行きたいスポット等をスワイプによって導き出してくれるアプリも登場した。

現代人は、この**スワイプ機能のように「必要か、必要でないか」を即時に処理する能力が求められており、なかでもZ世代はその能力に長けている。**

グーグルで情報を検索する場合、多くの広告が出てきて、必要な情報にたどり着くことが困難なこともある。また、LINEを開くと、インスタグラムのリール動画（最大90秒の短尺動画）がプラットフォームに組み込まれていたり、トーク画面のバナーに

ニュースが表示されたりするなど、ただメッセージを送るだけのアプリから変化していることがわかる。

通常、我々は必要と感じない限り情報を探索しないため、あふれる情報を一方的に浴びている状態である。そのため、我々は偶然目に入ったものが「必要か」「不要か」を瞬時に分類することを強いられている。また、そこで仮に必要と判断した情報であっても、目的を持って能動的に探索された情報ではないため、「忘れてしまっても弊害のない情報」として頭の片隅に保管していく（その多くが、必要と認識されたことすら忘れられる）。

情報が多いため、情報を提供する側も、受け手にマッチしやすい情報を提供しようとしてくる。いわゆるアルゴリズムと呼ばれるもので、たとえばインスタグラムの検索画面は自身が興味のありそうな内容が過去の検索や「いいね！」などのアルゴリズムによって表示され、自ら調べなくても興味のあるものが提供され続ける。ＴｉｋＴｏｋにおいても、高度なＡＩ分析によってユーザーごとに興味を持ちそうなコンテンツをレコメンドしてくれる仕組みがある。フォローしていないユーザーや自身が自覚していないニーズにおいても、好みに合うかもしれない情報として提供されるため、ユーザーは**自身の新たな消費欲求をアルゴリズムによって認識させられる**わけである。

では、このように推奨された情報や自身がたまたま遭遇した「必要かもしれない」と認識した情報を、Z世代はどのように処理しているのだろうか。筆者は**どこで保存するかについては「データベース型処理」を、どのように情報を分類するかに関しては「クラスタ型処理」を用いている**と考えている。

お気に入りを保存する「データベース型処理」

「データベース型処理」とは、カメラロールやSNSの保存機能でデータを保存し、必要なときに利用する処理方法を意味している。

従来、我々が情報に対して興味を持った場合は、その情報を詳しく探索するために、検索する際の「キーワード」を覚えておく必要があった。言い換えれば、そのキーワードを忘れてしまうと、その情報に二度と触れることができない可能性があった。主に検索エンジンにおいて「深く」情報を探究するための機能が求められていたといえよう。「続きはウェブで」といった、ネットへ意識的に誘導させる言葉がテレビコマーシャルのおわりに決まり文句のように使われていたことを覚えている人も多いのではないだろうか。他のメディアで興味のある情報に触れ、情報探索のためにネットに移行するという「形」が定着していたのである。

しかし、前述した通り、今はＳＮＳを開くと魅力的な情報があふれており、それらは反射的に「欲しい（必要）」「欲しくない（必要ではない）」と評価が下されている。昔のように、「面白そうだから検索してみよう」といった行動を、自身の消費欲求が揺さぶられるたびにしていたら、きりがない。これは、若者に限らず、すべての消費者にいえることだろう。

読者の皆さんも、ネットをぼーっと眺めていて、「この単語の意味、何だろう？」「これ面白そう」「これ欲しいな」と一瞬思っても、検索を後回しにして、いざ調べようとしたときに何を調べようとしたのか忘れてしまった経験があるのではないだろうか。「思い出せなくて、気持ち悪い」と思うかもしれないが、特段不利益が起こるわけでもないので、「調べようとしたものを忘れた」ことすらすぐ忘れ去られてしまうのが普通である。情報が膨大であるゆえであり、興味を持った次の瞬間には新しい情報を浴びせられることから、「検索をする」というフェーズに移行する意識が削がれてしまっているのだ。

瞬発的に興味を掻き立てられた情報であっても、それほど真剣に消費したい対象ではないから、すべて覚えておく必要はない。また、情報はすぐ古くなるし、自身の興味もすごいスピードで変わっていく。そのため、Z世代の多くが**お気に入り投稿を保存する**という行動をとる。具体的には、スクリーンショットを撮るなどして情報を蓄積していく。仮にその情報を保存したことを忘れても（そもそもそんな情報に触れたことすら忘れても）、情報の価値が高いと思っていないため、支障はない。

とりあえず「スクショ」

ホットリンクが週1回以上インスタグラムを利用する人を対象に行った「インスタグラムの利用動向に関する調査」（2022年7月7日）によれば、61％が今後の購買経験のためにインスタグラム上で発見した商品を何らかの手段を用いて保存した経験があると答えている。その保存方法をみると、「インスタグラムの保存機能」が48・2%と最も高く、「スクリーンショット」が32・8%となっている。そして、6・6%が、「DMで一緒に買う友だちなどに送信してDM履歴に残しておく」と回答しており、ユーザーの多くが何らかの方法を用いてデータベースに保存していることがわかっている。

　また、若者の多くが**データベースとして保存しているスクリーンショットをシェアすることで情報を共有**している。博報堂生活総合研究所の「スマートフォン・SNS内の保存データ調査」によると、写真アプリ内に保存している写真・動画のうち「スクリーンショット」が占める割合は、Z世代は16・1%と、ミレニアル世代（11・

▼図表4－1　写真アプリ内の写真・動画平均保存点数（構成比）

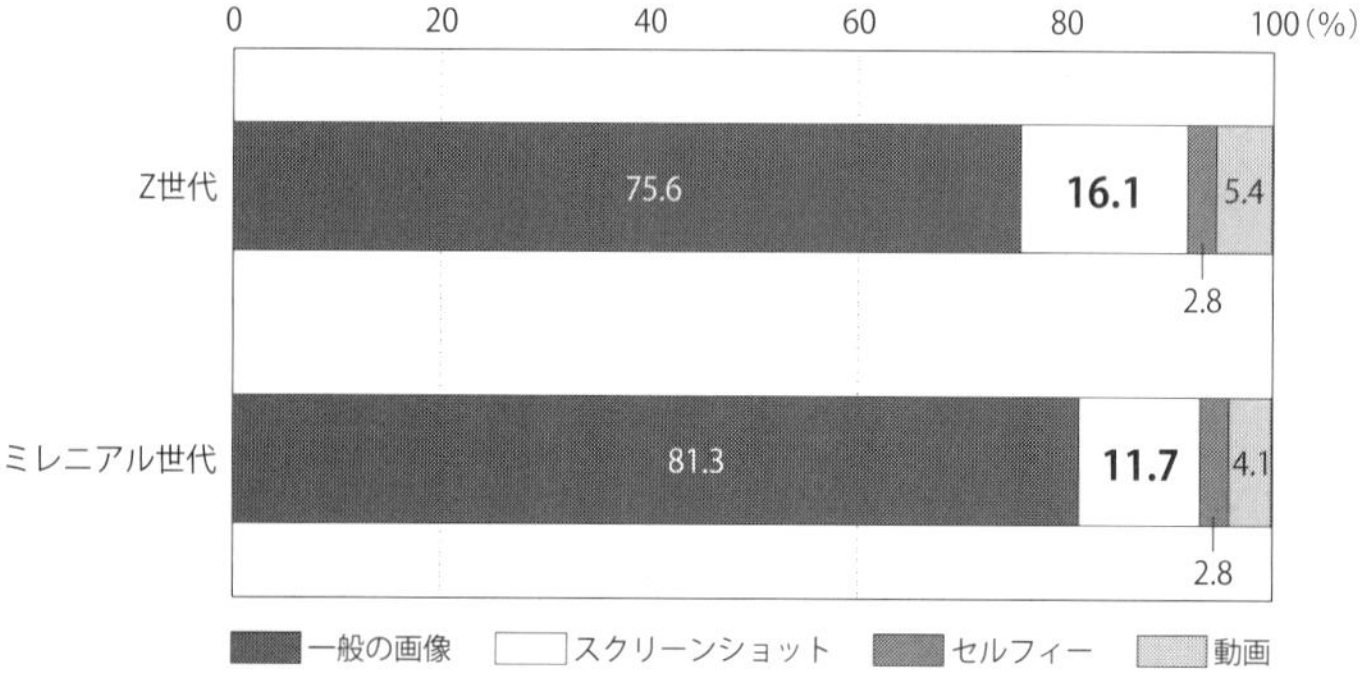

（注）　2020年9月時点で、15～24歳の男女をZ世代、25～34歳をミレニアル世代とする。

（出所）　博報堂生活総合研究所「スマートフォン・SNS内の保存データ調査」（2020年12月3日）より作成

7%)を上回っており、「スクリーンショット」を多用していることがわかる【図表4-1】。

若者が情報をシェアする際、URLを送るのではなく、スクリーンショットを好む理由は5つあると筆者は考えている。

①通信容量をかけずにシェアできる。
②必要な部分だけをみせることができる。
③画像にした方がみてもらえる可能性が高いと考えている。
④URLを送る際の、コピー&ペーストの手間が省ける。
⑤LINEでは、トーク上の画像検索で過去にシェアした画像を探し出せる。

スクリーンショットが使い回しされると元ソースがわからなくなるなどのデメリットはあるが、その情報自体が一過性で使われるものが多いため、特段不便ではないようだ。

「クラスタ型処理」とアイデンティティ

次に、「クラスタ型処理」について詳しく説明したい。

「クラスタ」と聞き、統計における「クラスター分析」を思い浮かべる方がいるかもしれない。もしくは、新型コロナウイルス感染症関連の報道でよく耳にした、感染者の集団や集団感染を想起した方もいるのではないだろうか。

「クラスタ型処理」でいう「クラスタ」とは、若者が使っていた俗語で、共通の趣味等を持った人たちやその集団を指す。似ているデータを集めてグルーピングするクラスター分析と本質は同じで、「群れ、房、固まり」といった意味を持つが、若者はそこから派生して「○○が好きな人たち、仲間」という意味を持たせ、「オタク」と同義で使っている。

「オタク」というと、いわゆるマンガやアニメが好きなネクラなアキバ系をイメージするかもしれないが、現在、オタクという言葉が指す意味は幅広く、何かしらの対象や趣味に集中して消費することがオタク的であるという考え方が一般的になっている。誰かしら何かのオタク気質があるとされ、1億総オタク化社会が到来していると考える者もいる。その結果、オタクという言葉自体が〝趣味〟を表し、若者、特にZ世代は、「オタク」を、趣味から転じて「アイデンティティ」と同義で使っている。

つまり、**クラスタはZ世代にとっての「アイデンティティ」となる**わけである。実際、SNSをみると、「#〇〇ヲタさんとつながりたい」(「ヲタ」はオタクの略した言い方である)、「#隠しきれないオタク」など、オタクという言葉を媒介にして、同じ趣味を持つ人たちとつながろうとしている様子がうかがえる。

また、インスタグラムによると、2022年のトレンドとして、国内のZ世代(18~25歳のインスタグラム利用者)の人気ハッシュタグランキングの首位に「#いいね返し」が、4位に「#fff」(follow for follow、相互フォロー希望の意味)が入っている。これらは、インスタグラム上でつながりを増やすことを目的としたハッシュタグであり、Z世代以外のトップ20ランキングには入っていないことから、「Z世代特有の傾向」と指摘されている。

ハッシュタグで共有する世界観

世の中にはたくさんの趣味が存在していて、それぞれ嗜好している人がいる。これはZ世代においても例外ではなく、彼らすべての嗜好対象を把握することは不可能だが、その一部を観察することで、Z世代の消費傾向を探ることができるかもしれない。**その切り口となるのが「ハッシュタグ」である**と筆者は考える。

「ハッシュタグ」とは、ツイッターやインスタグラムを中心としたSNSで、投稿内のタグとして使われるハッシュマーク「#」がついたキーワードのことである。それぞれの趣味やオタクの関係性・分類は、SNSではハッシュタグによって顕在化される。SNSにおけるハッシュタグは1つの共有された指標であり、ハッシュタグの共有はその価値観に対して同調しているユーザー同士で行われる。同じ「世界観」を共有しているともいえるかもしれない。

例をあげると、ジャニーズ関連のハッシュタグはジャニーズに関する投稿にしか使われず、そのハッシュタグを用いることで交流をしたいクラスタを選別することができる。また特にインスタグラムにおいては、1つの投稿に複数のタグを用いることで、自身の投稿をリーチさせたい範囲の拡大やリーチさせたい対象の選別を行うことができる。

【図表4－2】は、ある2人のジャニーズオタクのインスタグラムの投稿に使われたハッシュタグである。ハッシュタグには、好きなグループやアイドルの名前、どういうオタクとつながりたいのか、愛用するブランドなどのキーワードが記されている。

2人の投稿を比較すると、①は「#お洒落なジャニヲタさん」、②は「#量産型ヲタク」とつながりたいと明確に差別化されており、同じジャニーズクラスタ内でもつながる（仲良くなる）相手を選別していることがわかる。

ちなみに、ここでいう「お洒落さん」とは、白やベージュといった色を好み、ファッションや小物を大人っぽいものに統一してお洒落な世界観を演出している女子のことである。また、「量産型オタク（ヲタク）」とは、ピンクや水色といったパステルカラーを好み、フリフリとしたレースやフリルを基調としたファッションを好む女子のことである。ライブ会場などで同じような服装をしているオタクが大勢いることから〝量産型〟と呼ばれている。直接ジャニーズオタクを意味しているわけではないため、声優オタクや2次元オタクといった他ジャンルのオタクも、「量産型オタク」のハッシュタグを共有している。なお、「お洒落さん」と「量産型オタク」は本書を執筆していた2021～2022年頃に広く使われたが、2023年3月現在はほとんど使

▼図表4－2　Instagramにおけるハッシュタグの意味

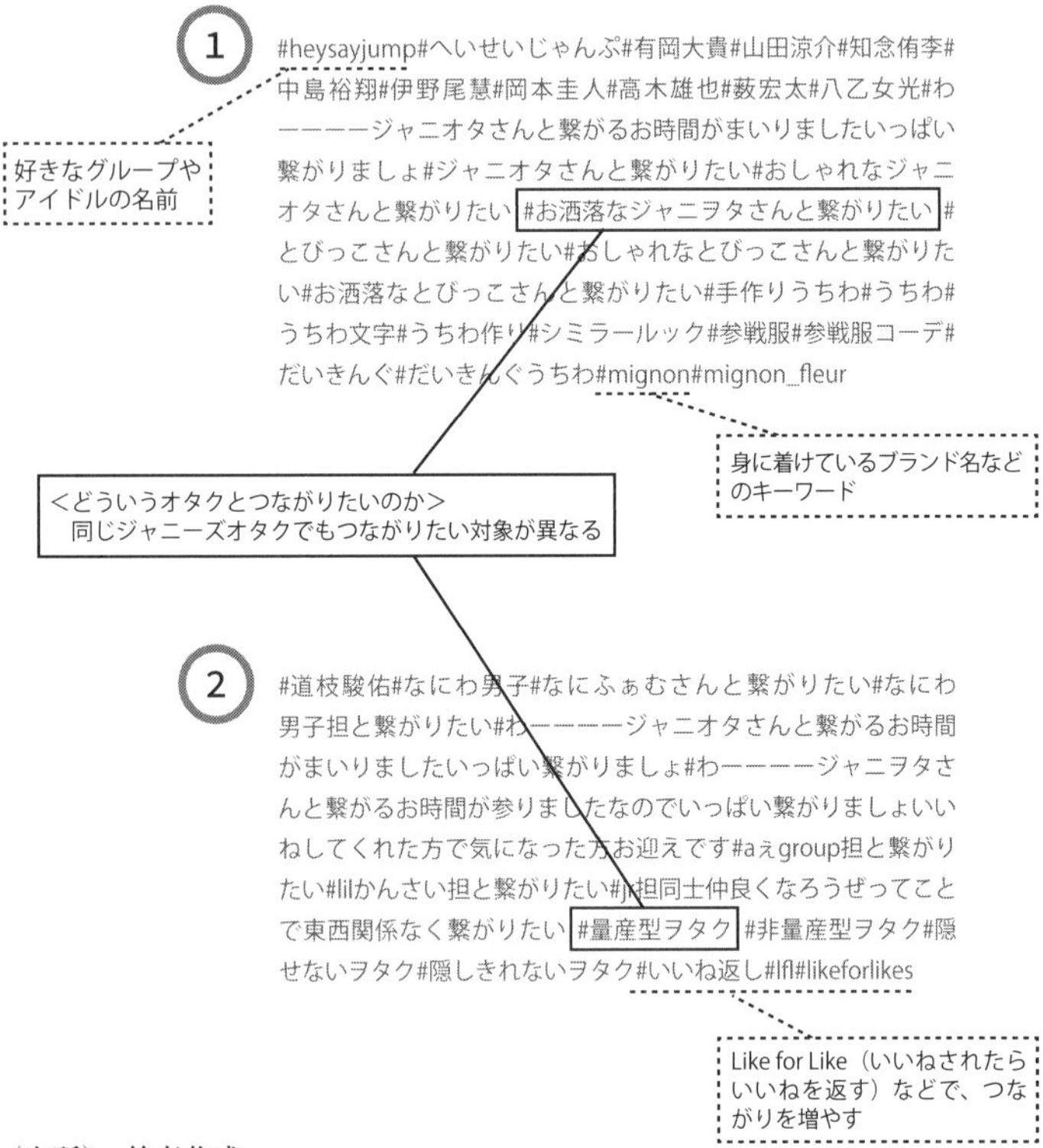
1
#heysayjump#へいせいじゃんぷ#有岡大貴#山田涼介#知念侑李#中島裕翔#伊野尾慧#岡本圭人#高木雄也#薮宏太#八乙女光#わーーーージャニオタさんと繋がるお時間がまいりましたいっぱい繋がりましょ#ジャニオタさんと繋がりたい#おしゃれなジャニオタさんと繋がりたい#お洒落なジャニヲタさんと繋がりたい#とびっこさんと繋がりたい#おしゃれなとびっこさんと繋がりたい#お洒落なとびっこさんと繋がりたい#手作りうちわ#うちわ#うちわ文字#うちわ作り#シミラールック#参戦服#参戦服コーデ#だいきんぐ#だいきんぐうちわ#mignon#mignon_fleur
好きなグループやアイドルの名前
身に着けているブランド名などのキーワード
<どういうオタクとつながりたいのか>
同じジャニーズオタクでもつながりたい対象が異なる
2
#道枝駿佑#なにわ男子#なにふぁむさんと繋がりたい#なにわ男子担と繋がりたい#わーーーーージャニオタさんと繋がるお時間がまいりましたいっぱい繋がりましょ#わーーーージャニヲタさんと繋がるお時間が参りましたなのでいっぱい繋がりましょいいねしてくれた方で気になった方お迎えです#aぇgroup担と繋がりたい#lilかんさい担と繋がりたい#jr担同士仲良くなろうぜってことで東西関係なく繋がりたい#量産型ヲタク#非量産型ヲタク#隠せないヲタク#隠しきれないヲタク#いいね返し#lfl#likeforlikes
Like for Like（いいねされたらいいねを返す）などで、つながりを増やす

（出所）　筆者作成

われていないことに留意したい（トレンドの流れは本当に速い（笑））。

クラスタは、コミュニケーション相手の識別機能に加えて、同調意識や帰属意識を満たす機能も持つ。ハッシュタグを検索することで、他のジャニーズオタクの投稿にどのようなハッシュタグが使われているのか、量産型オタクはどのようなファッションブランドを愛用しているのかといった、クラスタ内のトレンドや共通意識を探ることができるのである。

たとえば、ある特定のクラスタのハッシュタグを検索すると、そこでは、同系色や同じファッションブランドが消費されていることがわかる。それぞれの色、ブランド、キャラクターは、当該クラスタ内での共通の〝記号〟であり、その〝記号〟を消費することは、当該クラスタメンバーに対して同調性や親和性を要していることを発信する機能を持つ。言い換えれば、そのクラスタの一員としてみてもらうために、当該クラスタ内で多用されるハッシュタグを使用するともいえ、共通の記号を消費することは帰属意識の充足につながるのである。

つまり、Ｚ世代には、自身の趣味でつながる「クラスタ」が存在しており、各クラスタはそれぞれ世界観を持っている。趣味や趣味でつながる人たちの持つ世界観ごとに、受動的に浴びる情報の内容を管理することを「クラスタ型処理」と筆者は呼んでいる。**Ｚ世代の情報の分類は、「クラスタ型処理」を用いている**といえよう。

複数のSNSアカウントを使い分け

NTTドコモのモバイル社会研究所の調査によると、ツイッターでは、10代は男性40・2%、女性58・5%、20代は男性25・5%、女性41・0%が複数アカウントを持つ【図表4－3】。さらに詳しくみると、4個以上所有する者が10代は男性5・9%、女性23・6%、20代は男性5・2%、女性9・6%いる。また、インスタグラムについても、10代は男性30・5%、女性66・7%、20代は男性14・9%、女性36・2%が複数アカウントを持つ【図表4－4】。

また、SYMPLYの15～29歳の女性を対象にした調査によると、SNSのアカウント所有について「1～2アカウント」は44・25%、「3～4アカウント」は30%、「5～7アカウント」は12%、「8～10アカウント」は3・75%、「11アカウント以上」は2・75%である。8アカウント以上所有する割合は、10代で10・45%にものぼり（20代は4・51%）、驚きの結果である。

▼図表４－３ Twitterアカウント所有率（性年代別）

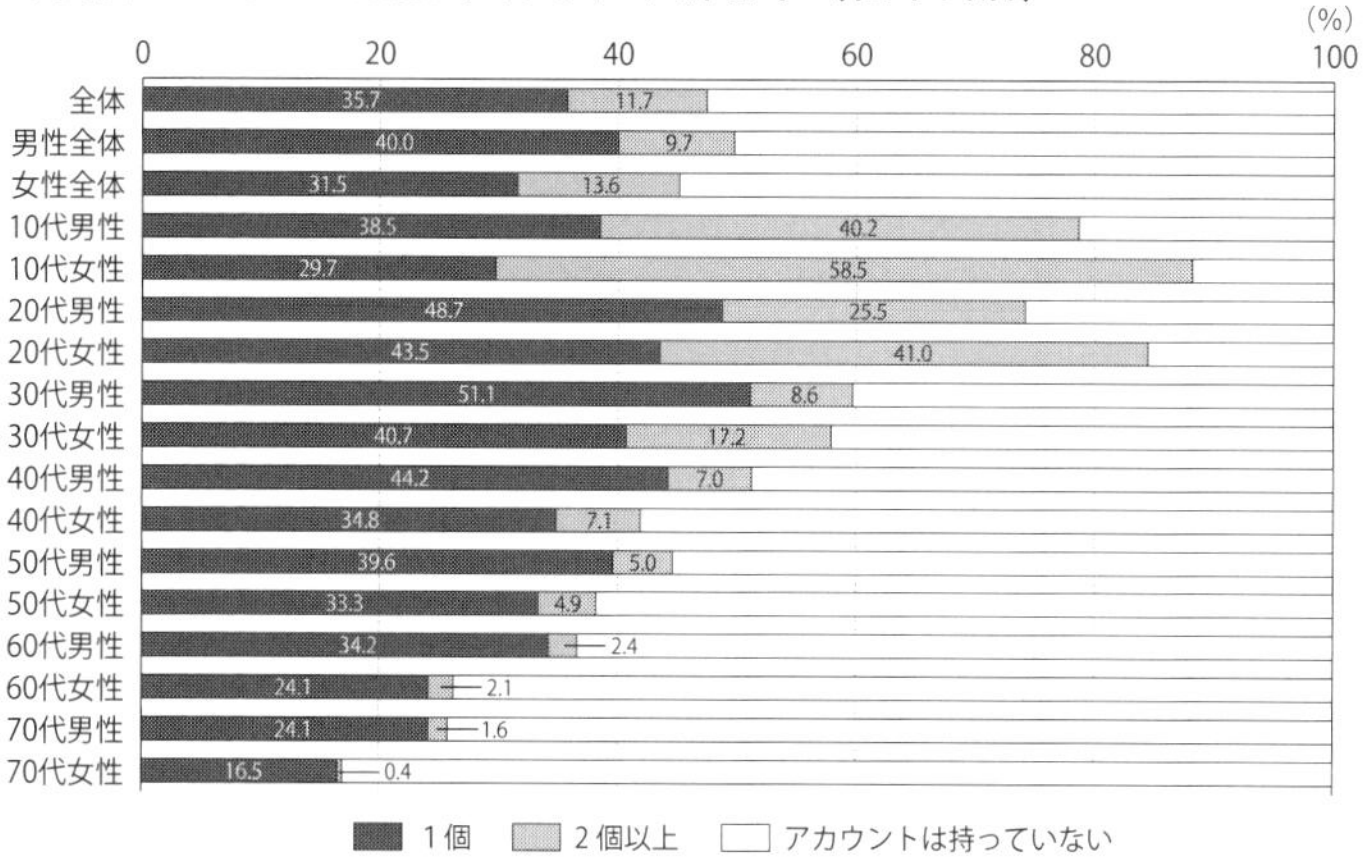

（注） 15～79歳対象。
（出所） NTTドコモ モバイル社会研究所「2022年一般向けモバイル動向調査」（2022年１月）より作成。図表４－４も同じ。

▼図表４－４ Instagramアカウント所有率（性年代別）

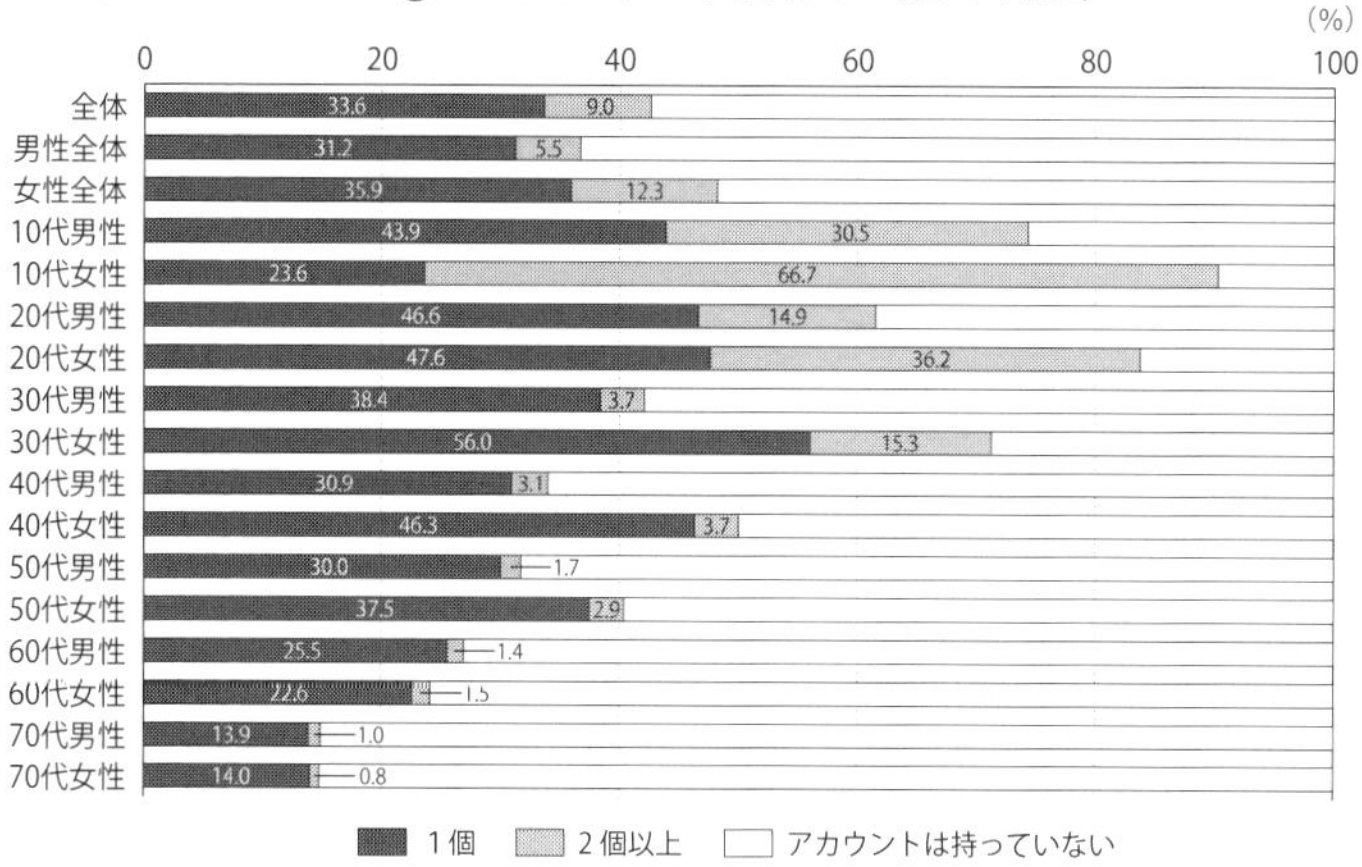

このように、若者は、**ＳＮＳアカウントを複数持ち、趣味（クラスタ）ごとに使い分けている。**それぞれのアカウントを、その趣味に関係するユーザーをフォローしたり、そのクラスタを構成する世界観（ハッシュタグ）の発信・検索に特化させたりすることで、アルゴリズムの機能によって浴びせられる情報の内容がコントロールできる。

1つのアカウントで様々な興味対象に関して発信したり、共通性のないユーザーをフォローするのは、1つのプラットフォームで「情報のごった煮」を処理していくようなものであり、「今」必要としない情報も処理しなくてはいけなくなる。

しかし、アカウントを複数持ち、アイドルの情報が欲しいときはアイドルに特化したアカウントを開く、アニメの情報が欲しいときはアニメに特化したアカウントを開くといったようにすれば、目的に合わないそれ以外の情報は概ね遮断できる。

このように、**Ｚ世代は流れる情報を「取捨選択」するだけでなく、流れる情報の「種類も分類」することで、情報のノイズを減らしていると**筆者は考えている。

ＳＮＳ検索が定着

また、Ｚ世代の情報処理の特徴として「ＳＮＳ検索」があげられる。ＳＮＳ検索とは、ＳＮＳプラットフォーム内の情報を検索することを指し、主なものとしてはアカウント検索、投稿検索、ハッシュタグ検索がある。

特にインスタグラムにおいては、自身が必要な情報を検索する際に、ハッシュタグ検索をすることが一般的であり、そういったＳＮＳのハッシュタグを起点とする行為を「**タグる**」と呼ぶ。

かつては、わからないことがあるときは、知っている人に聞くか、辞書や書籍等で調べることが一般的であった。そして、インターネットが普及してからは、「ググる」という言葉があるように、グーグルやヤフーといった検索エンジンによるインターネット検索がメインストリームとなったが、現代の若者の多くは場合によってはＳＮＳを利用して検索している。

ＬＩＮＥリサーチの調査によると、スマホ検索時に利用するサービスはすべての性別・年代で「グーグル」が首位だが、２位以降は年代ごとに特徴がみられる**［図表４－５］**。40代以降は男

▼図表４－５　スマホで調べものをするときに使っているサービス

（%）

順位	男性10代（13～19歳）		女性10代（13～19歳）	
1	Google	86.6	Google	85.4
2	YouTube	74.0	YouTube	77.7
3	Twitter	52.1	Twitter	64.0

順位	男性20代		女性20代	
1	Google	81.8	Google	77.7
2	YouTube	58.8	Instagram	68.4
3	Twitter	55.7	Twitter	68.0

順位	男性30代		女性30代	
1	Google	75.7	Google	73.9
2	YouTube	49.4	Instagram	52.1
3	Yahoo! JAPAN	42.6	YouTube	47.4

順位	男性40代		女性40代	
1	Google	74.0	Google	70.2
2	Yahoo! JAPAN	51.9	Yahoo! JAPAN	51.4
3	YouTube	44.3	YouTube	40.9

順位	男性50代		女性50代	
1	Google	73.4	Google	68.8
2	Yahoo! JAPAN	49.9	Yahoo! JAPAN	49.2
3	YouTube	38.3	YouTube	38.0

順位	男性60代以上		女性60代以上	
1	Google	70.6	Google	66.6
2	Yahoo! JAPAN	52.0	Yahoo! JAPAN	46.8
3	LINE	40.6	LINE	39.8

（注）　集計ベース＝普段スマホで調べものをする人。複数回答。
（出所）　LINEリサーチ「LINEユーザーを対象にしたスマートフォンWeb調査」（2021年８月２日）より作成

女ともに2位に「ヤフー」が入っているのに対して、10~20代の2位以降はSNSや動画サービスである。20代男性は「ユーチューブ」「ツイッター」が6割弱、女性は「インスタグラム」と「ツイッター」が7割弱となっており、調べたいことにあわせてそれぞれのサービスを利用している様子がうかがえる。

インスタグラムのデータによると、日本のインスタグラムユーザーのハッシュタグ検索回数は、グローバル平均の5倍にのぼるという（2020年10月）。

では、どのようなときにSNS検索が選ばれるのだろうか。

SHIBUYA109エンタテイメントが運営する「SHIBUYA109 lab.」と、ジギョナリーカンパニーが15~24歳女性を対象にした調査（2018年8月実施）によると、遊びに行く場所を検索する際のツールとして82・9%がインスタグラムをあげており、検索エンジン（グーグル、ヤフーなど）の57・8%を上回っている。ハッシュタグ検索を使うタイミングとしては、「行きたいカフェを探すため」「友だちと遊びに行く場所を決めるため」などがあげられており、「ビジュアル」を重視した情報収集で利用されていることがわかる【図表4-6】。

また、ジャストシステムの「モバイル&ソーシャルメディア月次定点調査（2019年6月度）」によると、スマートフォンで流行のファッション情報を調べる人のうち、情報源としては「インスタグラム」の利用が最も多く（29・4%）、グーグル（28・3%）が続く。2016年5

▼図表４－６　「ハッシュタグ投稿」もしくは「ハッシュタグ検索」を行うとき

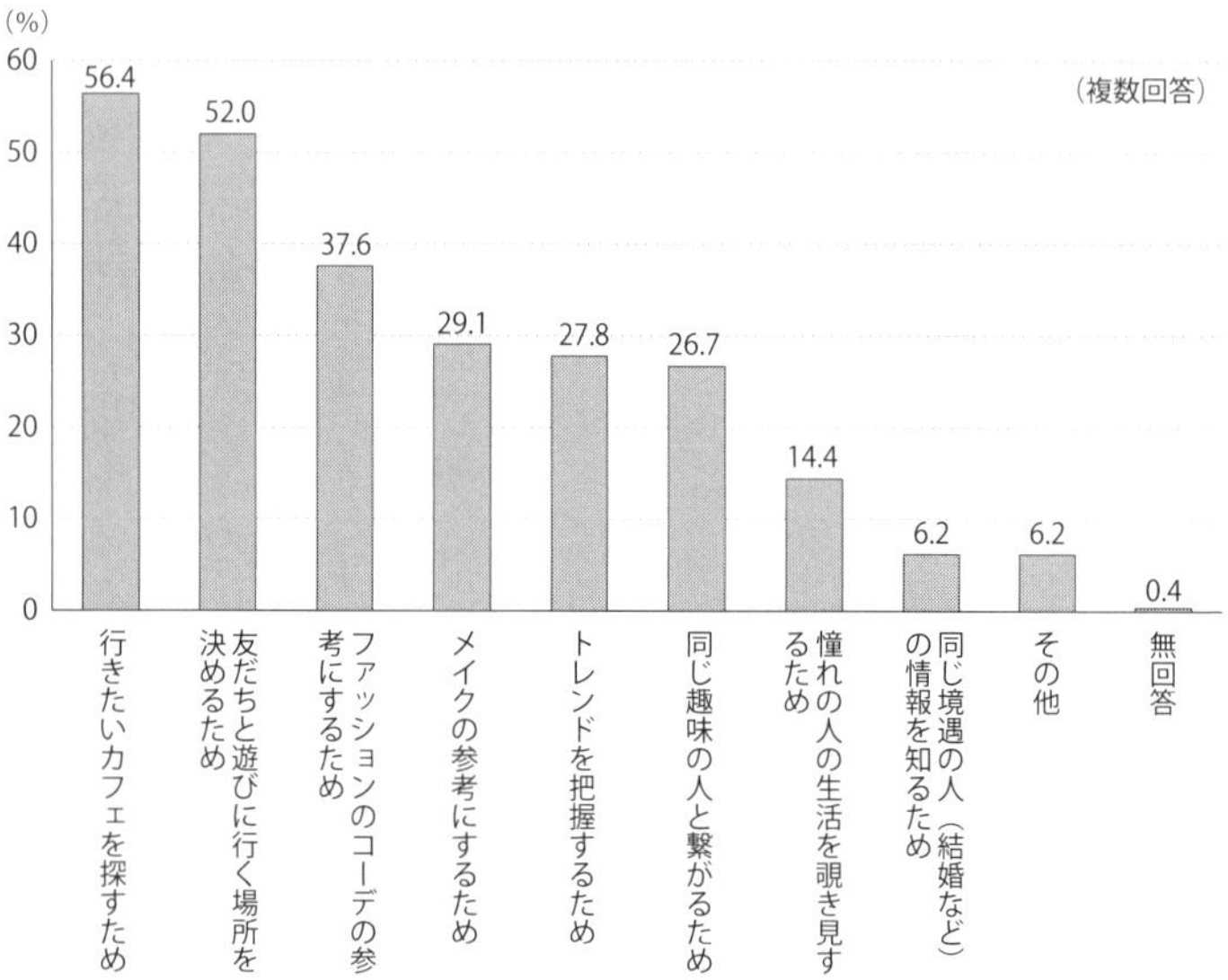

（出所）　SHIBUYA109 lab.／MachiTag「SNSのハッシュタグ検索とその実態に関する共同調査」(2019年10月16日）より作成

月度調査では、グーグル（39・8％）、インスタグラム（17・1％）の順であったため、3年間でインスタグラムの利用率が拡大したことがわかる。そして、インスタグラムの利用者を年代別にみると、10代52・9％、20代39・3％と、若年層ほどインスタグラムの利用率は高い。

そして、「レジャー情報」収集時によく使うサービスでは、10代（30・8％）と20代（29・0％）はインスタグラム、30代以降はグーグルが最も多かった。「グルメ情報」においても、特に10～20代の女性は「今話題のグルメスポット」（10代53・3％、20代27・7％）、「人に自慢したくなるようなグルメスポット」（10代40・0％、20代31・9％）、「SNSのネタになるようなグルメスポット」（10代44・4％、20代26・6％）の項目においてインスタグラムを最も利用している。このように、**Z世代においては、検索内容によって「ググる」よりも「タグる」ことを先行させている**といえるだろう。

具体的には、たとえばツイッターは、外出先の天気や電車の遅延情報などの瞬間的に必要な情報や、スポーツの試合やテレビの速報を知りたいときなど、情報の鮮度が重視される際によく使用される。一方、インスタグラムは、ファッションや飲食店、観光地などを検索し、他の人の生の声を自身の消費行動に反映することを目的として検索される傾向がある。

たとえば飲食店を探すといった場合、トレンド店はＴｉｋＴｏｋ、作業カフェはツイッター、旅行先のお店はインスタグラム、お家カフェの利用方法はユーチューブ、店の営業時間はグーグルマップ、高級な店やそこでの作法に関してはグーグル検索といったように、必要な情報ごとにツールを使い分けているようだ。

このようにSNS検索が定着した背景としては、ステルスマーケティングなどが増加し、検索エンジンでヒットする口コミに信憑性が乏しい点や、アフィリエイトを目的としたまとめサイトなどが乱立し、検索エンジンで調べても必要な情報までたどり着くことが困難となっている点があげられる。SNS検索であれば、ツイッターを例にあげると140字という少ない情報量、インスタグラムであればそのビジュアルといったように、簡潔な必要情報が即座に手に入り、さらにはインフルエンサーから一般消費者まで幅広い口コミをみることができるという利点がある。

ただし、SNS検索は、膨大な情報から興味のある情報をスクリーニングする機能はあるものの、詳細検索には適さない。そのため、SNS検索で得た情報をもとに、さらにSNS検索を行ったり、検索エンジンへとプラットフォームを移行したりするのである。

若者が情報と出会う3つのきっかけ

消費行動という側面からみると、筆者は若者が情報と出会う特徴として次の3つがあると考えている。

①検索バー（アドレスバー）の利用

検索エンジンやSNS検索を使用して、自身の知りたい情報を検索する行為であり、一般にネット検索といわれるものである。

②遭遇型

ツイッターのタイムラインや、アルゴリズムによってレコメンドされたインスタグラムの検索画面など、検索行為を伴わずに流れてくる情報のことであり、多くのノイズ（不必要な情報）を含む。前述した通り、若者はあふれる情報から自身の必要な情報を取捨選択し、必要に応じて消費行動を起こしたり、保管してデータベースとして蓄積していく。

③掛け算型

遭遇型で遭遇した新たな情報等と自身のデータベースにある情報とが掛け合わされて（情報が補完されて）、再発見のきっかけを生む。そして、他人のSNS投稿は、「疑似体験」としての機能を持ち、その消費をわざわざ自分がする必要があるのかという判断材料にもなっている。SNSで遭遇した情報（他人の経験）と、データベースとして保管した既存の情報によって、情報が再生産され、新たに（自分が消費行動を起こすかどうかを考える）情報処理の対象となる【図表4－7】。

▼図表4－7 若者の情報処理プロセス（遭遇型と掛け算型）

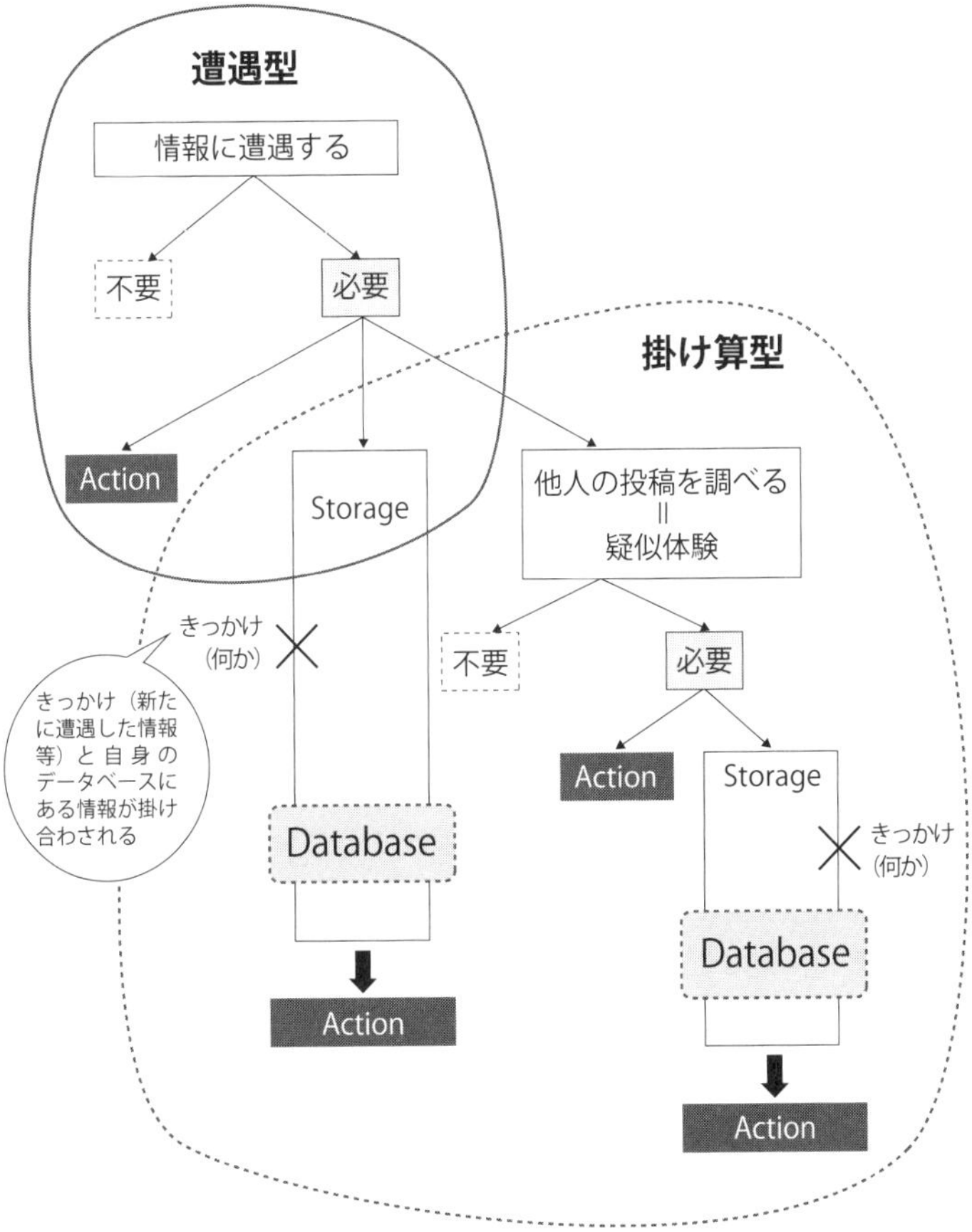

（出所） 筆者作成

ＥＩＥＥＭ——消費は「イベント」

従来の消費者行動理論では、ＡＩＤＭＡ（アイドマ：１９２０年代にアメリカの著作家、サミュエル・ローランド・ホールによって提唱された概念）が消費者が商品を認知して行動するまでのプロセスの定型とされてきた。しかし、インターネットの普及により、「ＡＩＳＡＳ」（アイサス：２００５年に電通が提唱したモデル）のように、行動プロセスのなかで検索という過程に比重が置かれるようになった。人によってはフィードバックやレビューを行うことで他人とその購買経験をシェアすることもある【図表４－８】。

しかし、Ｚ世代のような常に情報があふれている環境下で情報の取捨選択を行っている消費者の購買行動は、ＡＩＳＡＳでは説明がつかなくなっている面がある。ＳＮＳがＺ世代の購買行動において他の世代よりも大きな影響を与えているのは明確であり、マーケターは口コミによる影響のみならず、検索ツールや新規情報入手経路としてのＳＮＳを意識する必要があると筆者は考える。

これに対して、産業能率大学小々馬ゼミが試論的に「ＥＩＥＥＭ(注)（イームこ）」というＺ世代向けの消費心理プロセスを発表しているが、これを筆者なりに再解釈して整理したい【図表４－９】。

ＥＩＥＥＭは、Encounter（遭遇）、Inspired（ときめき）、Encourage（勇気づけ）、Event（イベント）、Mimic（真似）からなる。

膨大な情報の波を渡っていくうえで様々な情報と〝遭遇〟するわけだが、そこで〝ときめき〟を感じた情報をデータベースとして保管するか、消費行動を起こすか、選択がなされる。

消費行動を起こそうと考えた際に、〝勇気づ

▼図表４－８　「AIDMA」と「AISAS」

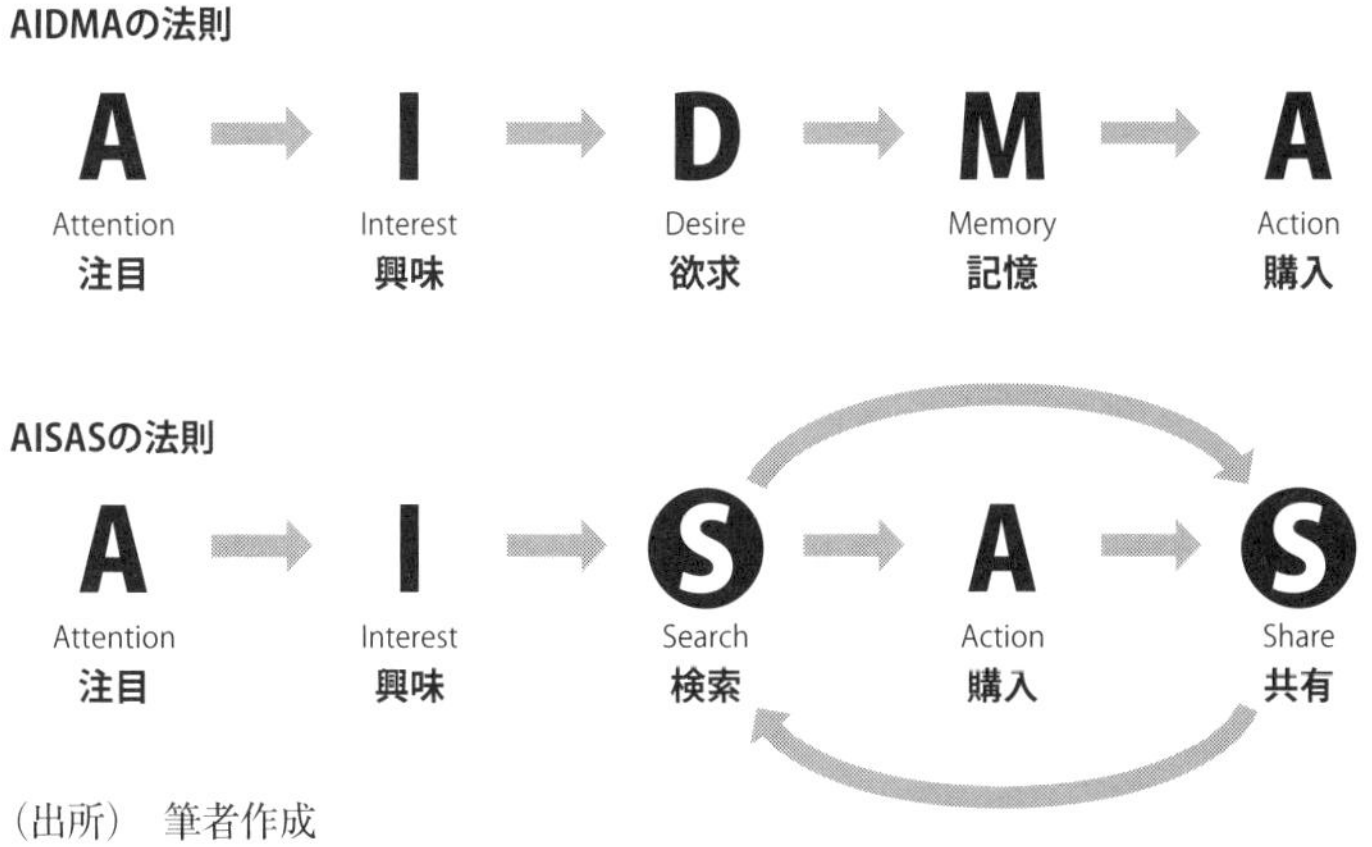

（出所）　筆者作成

け〞として他の消費者の消費行動を参照する。従来の口コミと違うところは、前述した通り、他人の消費行動を参照することは他人の消費の疑似体験をしていることとなり、「自身がその消費をわざわざする必要があるのか」という理由を探るという点である。その消費に自分なりの付加価値を見出すことができると確信したとき、他の消費者を参照したことで得た勇気（づけ）は、消費をする動機となる。ただ、消費をする必要があると認識しても、再度データベースとして保管されるケースもあれば、即座に消費行動に移るケースもある。つまり、**消費行動に移るのは、一種の〝イベント〟となる**わけである。

　Z世代以前の世代は、人生の大きな目標達成を追求することが幸福になると考える傾向が強かった。その幸福を達成するために生活するうえでの欲求が生まれ、その欲求を満たすために商品（サービス）を消費

▼図表４－９　EIEEM

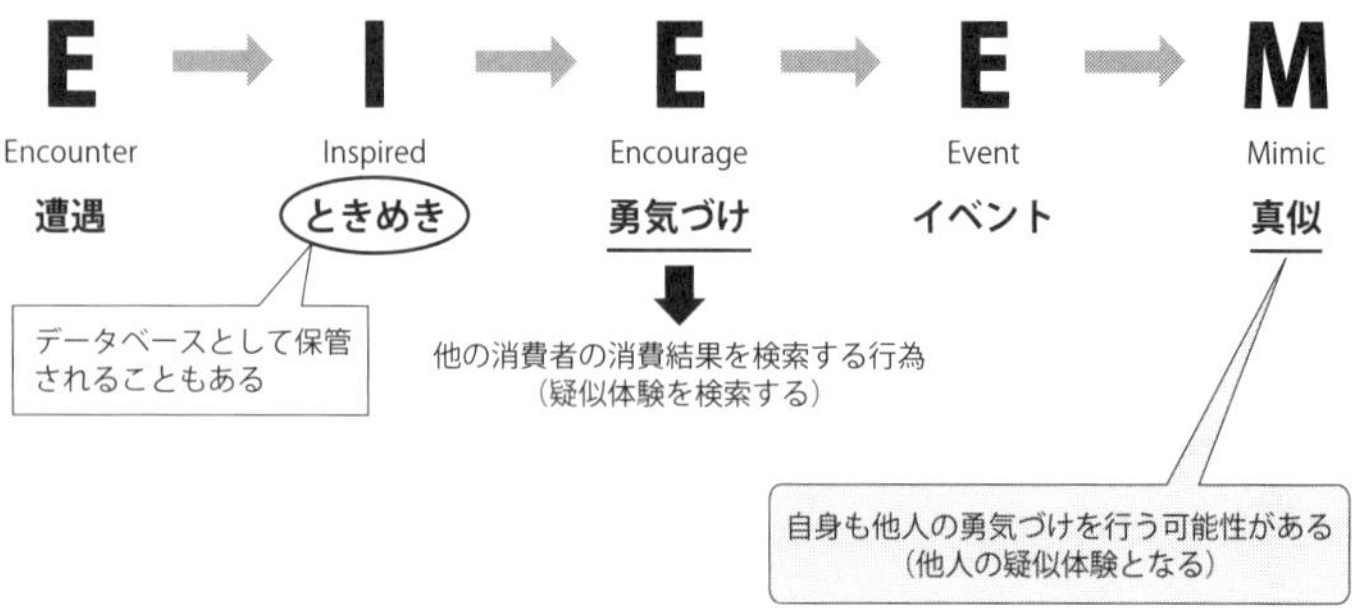

（出所）　産業能率大学小々馬ゼミのEIEEMを筆者が再解釈して作成

しており、いわば幸福は積み上げ式で大きくなると考えていた。一方Z世代は、はっきりとした達成目標の有無にかかわらず、「場面消費（一過性の消費）」によって自身や周りの幸福を追求する傾向がある。

このような背景のもと、検討が十分になされたうえで消費行動をとることは、一種の〝イベント〟であると考えており、消費行動そのものが幸福をもたらす特別な行為といえるのだろう。

最後の〝真似〟は、他の消費者のようにSNSなどに投稿することで、**その消費も誰かにとっての疑似体験となり、勇気づけの要素となる**ことを表している。

（注）　小々馬ゼミはその後、「EIEEM」を「EIEEB（イーブ）」へと発展させており、Mimicが「Boost up」へと再考されている。商品・サービスの買ってみてよかったと思った点をSNSで周囲に共有して高め合うという意味である。https://www.kogoma-brand.com/report/11：27/も参照されたい。

第5章

ウェルビーイング
——何にお金を使いたいのか

ここまで、Z世代を取り巻く環境、市場、情報処理の特徴について論じてきたが、ここからは、そのような変化がZ世代にもたらした影響について触れていきたい。

筆者は、Z世代の次の3つの価値観に注目している。

①ウェルビーイング
②画一化された幸福の消滅
③自己肯定感

本章では、ウェルビーイングについて詳しくみてみたい。

社会貢献を意識する若者たち

2022年元旦の日経MJの1面に「Zが消費を変えていく」との大きな見出しが躍っていた。日経MJが16～26歳約5000人に行ったアンケート調査によると、およそ3割が、価格が高くなったり、不自由になったりしても、自分の消費行動、つまり買い物で社会貢献したい、と考えているという。

「買い物で社会貢献」というと難しく聞こえるかもしれないが、簡単にいえば、リサイクル商品やエコ商品などの環境に配慮した商品やフェアトレード商品を選ぶ、買い物時にエコバッグを利用するといったことを指す。フェアトレードとは、発展途上国との貿易において、フェアなトレード（公正な取引）をすることにより、生産者の生活を支援することである。

我々の生活には、「消費」と「廃棄」が密生している。消費結果は我々の通った道であり、ルーティンやスピリットそのものである。何か社会貢献しようとなると、ボランティアなどが思い浮かぶが、生きていることと密着した「消費」において社会や環境に配慮することがリステナブルと認識しているのかもしれない。

このような**若者の社会に貢献したいという心理は「ウェルビーイング」という概念が大きく影響している**と筆者は考える。

ウェルビーイングとは、心身と社会的な健康を意味する概念で、満足した生活を送れている状態、幸福な状態、充実した状態などの多面的な幸せを表す。瞬間的な幸せを表すHappinessとは異なり、「持続的な」幸せを意味しており、Z世代は、自身も他人もウェルビーイングであることを追求しようとする傾向がある。

第2章で述べた通り、Z世代の特徴に「共闘」の意識がある。Z世代以前の世代は、小さい頃から、地球温暖化に配慮しなくてはいけない、差別はしてはいけないなどと「習ってきた」が、自分の世界のことではない、傍観者としての立場だったのではないだろうか。しかしZ世代は、他人と競うより自分を高めるという教育のもとで育っている。また、若くして東日本大震災を経験しており、「人々がともに生きていく」という意識が当然のものと思っている。そしてSNSにおいて、世界中で起きている不平等の問題や、誰かが権利を得るために立ち上がる場面を目にし、多様性の重要性や、人の価値観は十人十色であることを実感している。

昔は、社会的な変化を生み出そうとしても、自分1人では達成するのが難しく、マイノリティになりがちだったが、SNSを開けば自分のような志を持った人が大勢いて、実際に世界を動かしていることがわかる。自身の小さな行動でも、その志を持つ者が集えば達成できると考えているのかもしれない。

ＳＤＧｓへの関心

このような意識は、ＳＤＧｓ（持続可能な開発目標）に対する国をあげての取組みも大きな要因になっていると筆者は考える。ＳＤＧｓとは、２０１５年9月の国連サミットで採択されたもので、貧困問題、環境問題、多様性など世界が抱える問題に対する17の国際目標である。政治経済の範囲に留まらず、昨今ではテレビのトピックとして取り上げられたり、大学の講義テーマとして扱われることも多く、若者にとっても身近な言葉になっている。

産業能率大学経営学部小々馬敦研究室が全国の大学生を対象に実施した調査によれば、およそ半数がＳＤＧｓに関して大学の授業で学んだと回答している【図表5－1】。

また、実際にSDGｓに関して共感し実行していることに関しては、「商品はなるべく最後まで使い切る」「食べ残しがないように心がける」といった項目が6割を超えているが、それ以上に、「エコバッグを持ち歩く」が56・6％という結果に筆者は驚愕した【図表5－2】。2020年7月より全国でプラスチック製買物袋の有料化が決まり、買い物のたびに袋代を支払うのは無駄な出費なのかもしれないが、それでも大学生の2人に1人がカバンにエコバッグを忍ばせていると考えると、単純に「えらいなぁ…」と感心せざるを得なかった。

こういった「社会貢献をしたい！」という行動は、もちろん買い物以外にもみられる。同調査によれば、SDGｓに関して当然しなければならないことだと認識している項目として、72・9％が「LGBTQなど性やジェンダーに配慮する」をあげている【図表5－3】。日本経済新聞社の調査においても、関心のある社会的課題について、Z世代における4～7位の「人種差別」「飢餓・栄養不足」「ジェンダー不平等」「LGBTQ差別」は他の世代ではみられず、Z世代の特徴といえる【図表5－4】。

▼図表５－１　SDGsに関してどこで学んだか（情報入手経路）

大学の授業	47.9%
テレビのニュース・情報番組	38.1%
高校の授業	36.3%
テレビ番組（解説番組・特集番組）	27.4%

（出所）　産業能率大学小々馬敦研究室「Ｚ世代・大学生が描く2030年のウェルビーイングな社会」調査報告レポート（2021年９月）より作成。図表５－２、５－３も同じ。

▼図表５－２　SDGsに関して共感し実行していること

商品はなるべく最後まで使い切る	67.3%
食べ残しがないように心がける	64.7%
詰め替え用の容器を使う	57.2%
エコバッグを持ち歩く	56.6%
節水・節電を心がける	51.9%

▼図表５－３　SDGsに関して当然しなければならないことだと認識していること

LGBTQなど性やジェンダーに配慮する	72.9%
節水・節電を心がける	69.3%
ゴミや廃棄物が出ないように工夫する	68.2%
リユース、リサイクルできるものを確認し、ごみの分別を行う	66.3%

▼図表5－4　関心のある社会的課題トップ10

	Z世代	Y世代	X世代	Xより上の世代
1	年金問題	年金問題	年金問題	年金問題
2	貧困問題	所得格差	高齢化	介護問題
3	所得格差	貧困問題	介護問題	高齢化
4	人種差別	高齢化	気候変動	気候変動
5	飢餓・栄養不足	介護問題	災害に強いまちづくり	災害に強いまちづくり
6	ジェンダー不平等	災害に強いまちづくり	所得格差	森林破壊
7	LGBTQ（性的マイノリティ）差別	気候変動	資源の枯渇とリサイクル	クリーンエネルギー
8	災害に強いまちづくり	少子化	森林破壊	海洋汚染
9	少子化	大気汚染	大気汚染	大気汚染
10	気候変動	森林破壊	海洋汚染	資源の枯渇とリサイクル

■ Z世代のみ　■ Xより上の世代のみ　□ 全世代共通

（出所）2021年12月2日 日本経済新聞「Z世代サステナブル意識調査」

自制心と共闘

ＳＮＳにおいて、若者は自ら情報発信したり、共感できる投稿をシェアしたりしているが、差別的な発言とならないように気をつけている者は多い。これには、二面性があると筆者は考えている。

まず、常にＳＮＳによる炎上リスクを認識しているという環境要因である。ＳＮＳ社会に身を置く我々は、ある意味、常に監視されているといっても過言ではない。自分の言動が差別的であると認識されてしまった場合、攻撃対象となって社会的制裁を受けることもある。そのようなＳＮＳによる炎上事例を反面教師にして、差別的な発言をすることに対するリスクを認識しているわけである（これは、「炎上したくないという動機によって差別発言が抑制されているから、差別をしない」という意味ではないことに留意されたい）。

次に、世間で多様性と呼ばれているものの多くはこれまで表層化していなかっただけで、意外と自身の周りで起きていると若者は認識している。だから自身が当事者でなくとも、他の人たちの生き方を否定しない。むしろ、権利や差別を訴えている人たちに対して、声を上げていることを評価し、応援したいと感じるようだ。ＳＮＳで声を上げやすいため、友人や知り合いがそのような問題の当事者だと認識できるようになったことも大きいかもしれない。ＳＮＳでは「いいね」やシェアによって応援が可視化され、発信者の自己肯定感（存在意義や価値）の高まりにつながる。個々がそれぞれ己の幸せを追求する「ウェルビーイングな社会」をあるべき姿だと考える若者は多い。だからこそ、ウェルビーイングを目指している人たちを茶化してはいけない、馬鹿にしてはいけない、排除してはいけない、という空気感が完成している。

そして、新型コロナウイルス感染症の流行という事態が起こった。移動や人との交流が制限され、学生は在宅で授業を受ける日々が続いたが、その間に生きること、そして自身の振る舞いと向き合うことができた人は多いのではないだろうか。医療従事者などのエッセンシャルワーカーの苦労を見聞きする機会が多かった一方で、物品の買い占めやマスク着用を巡る分断など人間の負の側面が露呈した。未曽有の事態を生きていくためには皆が共闘する必要があるという意識を強く感じた若者もいたのではないだろうか。そのなかで、自身の振る舞いを見つめなおすと、次の通り、その**起点には「消費」がある**ことに気がつく。

身の回りに、無駄なモノ、使い捨てのモノ、一度しか使っていないモノがあふれている。

↓熟考して買っていなかった。

↓本当はいらないモノだった。


この気付きにより改めて自身の消費行動を見直し、**ウェルビーイングを追求するための共闘として「社会貢献につながるような消費をしたい」という意識がコロナ禍を通して強くなった**のではないかと、筆者は考える。

第6章

画一化された幸福の消滅

Z世代の抱える不安

Z世代は、大きく2つの将来的な不安を抱えている。

①個人的な将来に対する不安

単位が無事とれるか、就職できるか、結婚できるか、家族はいつまでも健康でいられるか、といった個人単位で生まれる不安であり、世代にかかわらず誰しも大なり小なり抱えているものである。

②社会が抱える問題に対する不安

少子高齢化、環境問題、震災、戦争といった社会単位、国単位、世界単位で抱えられている不安であり、これも世代にかかわらず抱えているものではある。しかしZ世代は、第2章で述べた通り、好景気を体験していないという環境とともに、コロナ禍という未曽有の事態が学生生活を直撃した。社会の変化によって、自身の身に降りかかるかもしれない負の影響が従前の世代よりも大きくなっている。

2024年3月に大学を卒業する学生を例にとると、2020年春は第1回緊急事態宣言が発令され、多くの大学の入学式は中止を余儀なくされた【図表6－1】。そして、大学の講義はオンラインで実施され、対面での同級生との交流やサークル活動は自粛されていた。2022年の春頃から全面的に対面講義を行う大学は増えてきたが、6月にはインターンシップが始まり、実質的には就職活動がスタートした。

このような状況下、今後数年は就活をする学生、選考を行う企業側双方にとって試行錯誤が必要になるだろう。つまり、今までテンプレートのように使われていた、「学生時代に力を入れたことは?」「サークル活動など、人との交流で学んだことは?」といった面接時の質問が、ナンセンスといえるかもしれないからである。

「海外に行って世界をみてまわってきました」というアピールは、従来は〝グローバルな視野を持つ行動力がある学生〟と評価できたが、コロナ禍においては手放しで称賛できることではないかもしれない。また、「極力、人と交流をしませんでした」という回答は、今までなら〝消極的でコミュニケーション能力が低い〟と捉えられたかもしれないが、コロナ禍においては、〝空気を読んだ行動ができる学生〟という評価もできるかもしれない。

　これはあくまでも憶測であり、企業によってその評価は大きく変わると思うが、就活学生にとってその評価のされ方は死活問題である。「コロナ禍の自身の行動が、就活にどのような影響を及ぼすのだろうか」という不安は、社会的な問題から強い影響を受けてしまった「個人の不安」といえるだろう。

▼図表６－１　2024 年３月卒の大学生の学生生活

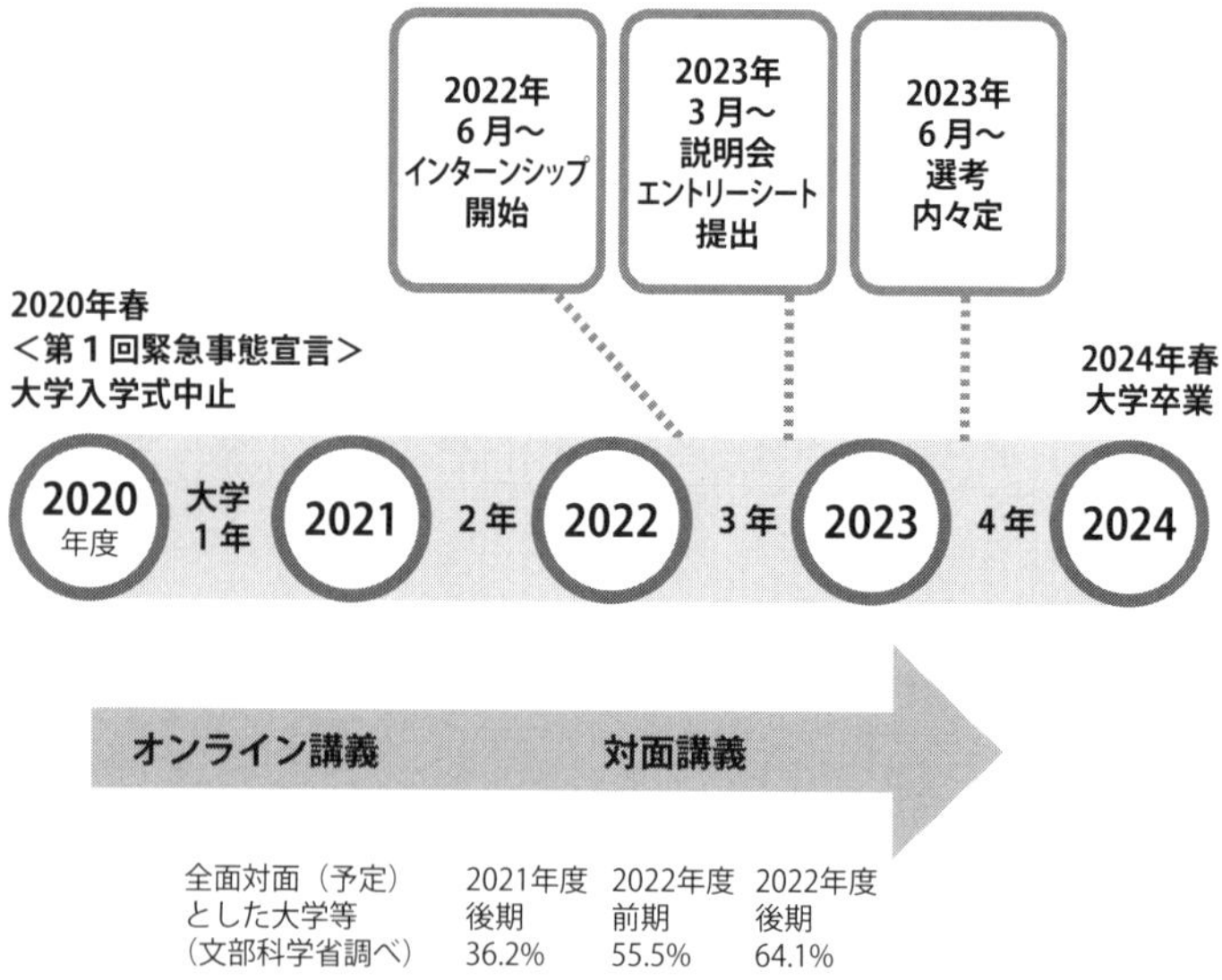

（出所）　筆者作成

不安が大きくなっている、また、その性質が変わっているからこそ、幸福に対する考え方も変化していく。

VUCA時代と「そうあるべき論」の消滅

特に昭和後期や平成前期においては高度経済成長やバブルの名残もあり、「よい大学に入って、よい企業に就職する」「結婚して盛大に披露宴を開く」「戸建てを持つ」といった、画一化された幸福が存在していた。親が敷いたレールを走ること、型にはまった生活ができていること自体が幸せと捉えられていたのかもしれない。

しかし、Z世代はバブル時代の羽振りのよさを知らない。大手企業も中小企業も若いうちの給与に大きな差はなく、入社するメリットを見出しにくくなっている。そして、かつての「企業戦士」「モーレツ社員」のように、仕事や企業ブランドに誇りを持って身を粉にして働くことを美徳とする時代ではない。

好景気のときは羽振りがいい上司をみて、「自分もこの人のようになりたい」「このまま仕事を続けていれば、この人ぐらい稼げるようになるだろう」といったように、目の前にニンジンがぶら下げられ、それが働くモチベーションとなっていた。しかし、日本経済が低迷し、定年延長や年金支給年齢の後ろ倒し等、社会環境が変化するなかで、そのモチベーションは揺さぶられたといえる。企業が個人を守ってくれるという意識が薄れ、終身雇用制度を前提にして同じ仕事を継続する、1つの企業に縛られるという状態に疑問を持つ人もいる。今後、企業という枠組みにこだわらない働き方は増加していくと考えられる。

結婚においても、個人がより尊重されるようになり、結婚がすべてではないという考え方も広く浸透してきているし、持ち家に関しても資産価値としての考え方が変化している。

かつて、成功や達成のイメージが描けていた時代は、なりたい姿（あるべき姿）を描いてそこから逆算する「バックキャスティング思考」によって歩みを進めることができたが、昨今のＶＵＣＡ（ブーカ）といわれる変化のスピードが速く先行きが不透明な時代はあるべき姿を描きにくい。ＶＵＣＡとは、Ｖ（Volatility：変動性）、Ｕ（Uncertainty：不確実性）、Ｃ（Complexity：複雑性）、A（Ambiguity：曖昧性）を意味する。グローバルの流れに目を向けても、様々な国の政治の先行きが不透明であり、今までやってきたことやスタンダードだと思われてきたことが、ここにきて崩れていっている。さらに、新型コロナウイルス感染症の流行、地球温暖化に伴う気候変動や異常気象、台風や地震といった災害など、予測困難な事象が次々と起こっている。従来の日本企業では当たり前だった年功序列の枠組みも変わりつつあり、人材の流動性も高まっている。

このように、未来を見通すにはあまりにも先行きが不透明で、将来の予測が困難であるため、画一化した〝なるべき姿〟が消滅していき、「それぞれが幸せならばよい」「それぞれの価値が尊重されればよい」といった〝多様性〟が強く尊重されているともいえるだろう。**普遍的な価値観を押しつけること自体が、モラルハラスメントと捉えられるといえるのかもしれない（そうあるべき論の消滅）**。

消費したくても消費できない

このような幸福感の変化は、消費に対する行動、価値観をも変化させている。筆者は次の3つの点に注目している。

① 消費したくても、消費できない（お金に余裕がない）。
② 必要でないものをわざわざ消費したくない。
③ 情報量の拡大で、消費したいものが増えている。

順番にみていこう。

まず、「①消費したくても、消費できない」という点である。

投資信託協会の調査広報室レポートによると、金融資産、金融負債のうち、住宅・土地購入による負債を除いた額を純金融資産として比較すると、30歳未満については2019年には、

1984年、2004年の両年より残高が減少しており、若者の資産状況の厳しさが読み取れる【図表6-2】。

また、SMBCコンシューマーファイナンスが20~29歳の男女を対象に実施した「20代の金銭感覚についての意識調査2023」によると、20代が毎月自由に使えるお金は「1万円以下」が26・8%と最も多かった【図表6-3】。次いで「4万円超~5万円以下」が20・5%、「2万円超~3万円以下」が14・6%、「1万円超~2万円以下」が13・8%

▼図表6-2 1984年~2019年の年代別純金融資産

（千円）

		平均	30歳未満	30代	40代	50代	60代	70代	80歳以上
1984	金融資産	6,720	2,149	4,262	6,338	8,976	10,437	9,318	
	金融負債	-2,660	-1,060	-2,931	-3,654	-2,382	-1,040	-698	
	（負債のうち住宅・土地のため）	(2,294)	(820)	(2,657)	(3,205)	(1,923)	(751)	(474)	
	住宅・土地用負債を除く純金融資産	6,354	1,909	3,988	5,889	8,517	10,148	9,094	
2004	金融資産	13,837	2,137	6,006	10,329	15,634	20,008	19,034	
	金融負債	-4,425	-1,402	-6,990	-8,555	-5,221	-2,273	-1,220	
	（負債のうち住宅・土地のため）	(3,803)	(1,017)	(6,478)	(7,808)	(4,316)	(1,684)	(820)	
	住宅・土地用負債を除く純金融資産	13,215	1,752	5,494	9,582	14,728	19,419	18,635	
2019	金融資産	12,797	1,948	5,205	9,112	14,013	18,959	17,342	16,194
	金融負債	-4,559	-1,964	-8,412	-9,181	-5,791	-2,568	-1,675	-968
	（負債のうち住宅・土地のため）	(3,879)	(1,313)	(7,617)	(8,426)	(4,818)	(1,856)	(1,210)	(739)
	住宅・土地用負債を除く純金融資産	12,117	1,297	4,411	8,357	13,040	18,248	16,876	15,965

※総務省「1984年、2004年全国消費実態調査」、「2019年全国家計構造調査」
（出所） 青山直子「日本の若年層の資産形成」（投資信託協会調査広報室レポート、2023年1月13日）より作成

で、平均は3万8628円だった。食料価格や住居費・光熱費などの生活固定費が上昇し、生活していくので精いっぱいのなかで、消費したくとも支出する余裕がないのは当然である。

同調査では現在の貯蓄金額も尋ねているが、「50万円以下」が44・7％と最多で、全く預貯金ができていない「0円」が17・5％いるのも注目される。

貯金がなければ住宅購入時の頭金を用意することができないし、車を買うことも難しいだろう。趣味を始めよう、何か新しいことを始めようと思っても、

▼図表6－3　20代の毎月自由に使えるお金

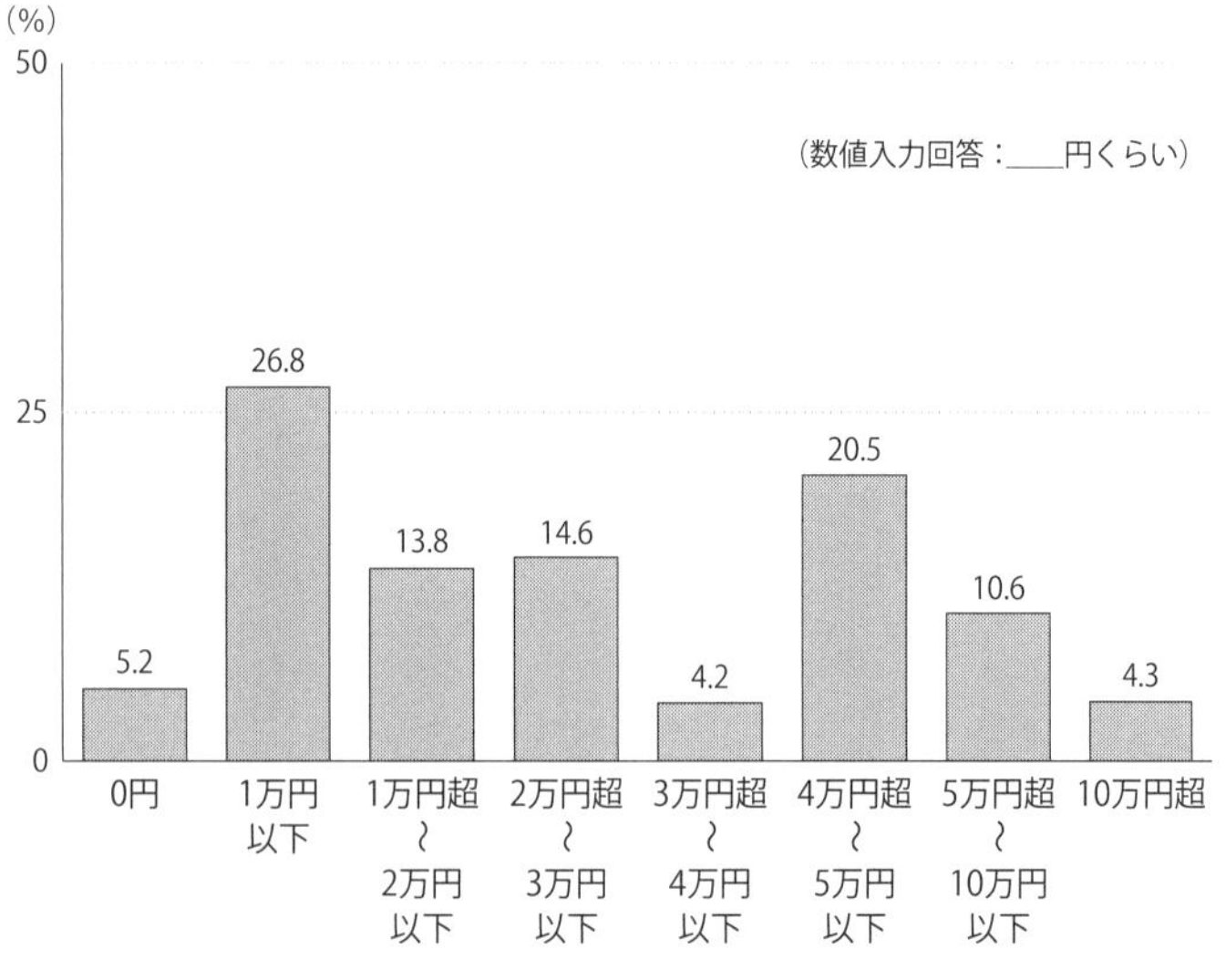

（出所）SMBCコンシューマーファイナンス「20代の金銭感覚についての意識調査2023」（2023年1月19日）より作成

それを開始する軍資金がなければ踏み出すことはできない。急な出費に対する準備もできていないわけで、**お金がないという現状は、漠然とした不安も生みかねない。**

かつて、消費することが幸せにつながる時代があったが、それはお金に余裕があってこそ実現するものであった。昨今は、ファストファッションや格安スマホなど、安いモノに消費をすることで支出を抑えることが一般化しており、羽振りよく、湯水のように消費していたバブル時代とは真逆の市場環境であることには留意したい。

ちなみにＳＭＢＣコンシューマーファイナンスが２０２２年に15～19歳の学生を対象に行った「10代の金銭感覚についての意識調査２０２２」（２０２２年８月25日）によれば、大学生等がひと月あたりに使うお金は平均２万３６４５円であるという。たとえば実家暮らしで、アルバイト代のすべてをお小遣いにできる大学生等であれば一定の自由に使えるお金があり、社会人のなかには「学生時代の方が自由にお金を使えていた」という感覚を持つ人は少なくないと、筆者は考える。

「必要でないもの」を消費したくない

――若者の○○離れ

次に、「②必要でないものをわざわざ消費したくない」という点である。

バブル期においては高級ブランド志向が強く、ゴルフやスキーといったレジャーが強く奨励され、上司から勧められたものを素直に「二つ返事」で聞き入れて消費していた人は少なくなかった。上司は「画一化された幸福」を手に入れている身近な例といえ、彼らと同じように消費することが幸せへの道であり、彼らから気に入られる手段でもあった（気に入られることで出世が近づく）。そして、「必要ではないが、生活を豊かにするモノ」を所有することでステータスを得ようと、人々がこぞって消費していた時代があった。しかし、このような幸せが今幸せといえるのかといったら、時代錯誤な面の方が大きいのではないだろうか。

前述した「消費したくても消費できない」という現状に加えて、そもそも「画一化された幸福」を幸せであると思わない人々が増えた。そのため、「自分が必要としないもの」に対して消費を行う際に、〝理由〟や〝根拠〟が必要になったともいえる。

ゴルフはやった方がいい

よい時計をつけろよ

こういったステータスを演出する消費を勧められることに対して、若者は疑問を抱いている。「なんで（生活は苦しいし、欲しいものも買えない状況で、勧めてくる上司の生活レベルも決して裕福にはみえず目標にできないのに、見栄を張って）欲しくもないモノを買わなくてはいけないんだ？」

昨今、若者の「持ち家離れ」「車離れ」「高級ブランド離れ」など、若者の消費に対する消極的な意識が〝〇〇離れ〟と揶揄されることがあるが、極論ではどれもタダでもらえてタダで維持できれば拒む人は少ないだろう。つまり若者は、そのような〝モノ〟や〝消費行動〟を拒んでいるのではなく、自分自身の生活や収入などを考慮したうえで「必要ない」「購入できない」と判断している（消費行動をとらない）のである。

お金に余裕がないから「画一化された幸福」に手が届かず、「酸っぱい葡萄」のように自己防衛としてそれが幸せと認めないという見方もできるかもしれない。あるいは、「画一化された幸福」に手が届かないから、違う形で幸せを見出していると捉えられるかもしれない。どちらにせよ、**「その不必要な消費によって自分たちの生活が困窮するくらいなら消費しない」という価値観**が生まれることは当然と思われる。

情報量の拡大で「消費したいもの」が増えている

最後に、「③情報量の拡大で、消費したいものが増えている」という点である。

ＳＮＳによる情報量の拡大は、欲しいと思うものが増えたということを意味する。今まで知らなかったものに興味を持ったり、潜在的な欲求を満たしてくれるものに遭遇したりする機会が増えているにもかかわらず、お金に余裕がないという状況がある。

アライドアーキテクツによる「ＳＮＳをきっかけとした購買行動や口コミ行動に関する調査」（２０２０年10月発表）によると、ＳＮＳを閲覧しているユーザー別に「ＳＮＳの情報をきっかけや参考に、初めて利用するＥＣサイトで商品を購入したことがあるか」を尋ねたところ、インスタグラムが60・７％と最多で、続いてツイッターが55・２％、フェイスブックが54・４％と、いずれのＳＮＳでも過半数が「購入経験がある」という。また、「ＳＮＳの情報をきっかけや参考に、初めて利用するお店（小売店や飲食店）に実際に足を運んだことがあるか」についても、インスタグラム（50・５％）、ツイッター（46・０％）、フェイスブック（40・４％）のいずれも４割以上が「ある」と回答している。

第４章で述べた通り、他人のＳＮＳ投稿は、「疑似体験」としての機能を持っている。昨今は、誰もがユーチューバーのように動画を簡単に編集してＳＮＳに投稿できるようになってきており、ＴｉｋＴｏｋが台頭したことにより動画投稿の比重も大きくなっている。動画の情報量は、文字や写真より圧倒的に多い。

ここで、突然ではあるが、「メントスコーラ」を思い浮かべてもらいたい。ペットボトルに入ったコーラにメントス数粒を投入した際に急激に炭酸が気化し、泡が一気に数メートルの高さまで吹き上がるもので、メントスガイザーともいわれる。２０１９年前後からユーチューブを中心にメントスコーラ実験を行う動画が流行し、２０２０年以降、コロナ禍でステイホームが強いられるなかでも手軽にできる遊びとして様々なＳＮＳでその様子が投稿されるようになった。そのため、メントスコーラを実際にやったことはなくとも、起こる結果を知っている人は多い。ただ、大多数の人は、「面白そうだな」と思っても、結果がわかっていることを自分で改めてやろうとはしないのではないだろうか。

ＳＮＳに投稿があふれているものは、再現性が高いということを意味する。言い換えれば、誰がやっても同じような結果が出るものである。前述の通り、若者にはお金に余裕がないという状況がある。魅力的にみえるものの消費の結果がわかれば、自身の消費を回避でき、代わりに、わざわざ自分が消費したいと思うモノを探究できるようになる。

ましてやネットのブームのサイクルは早い。皆がやっているからとやっても反応は薄いし、ブームが過ぎた頃にやれば今更感が生まれてしまう。もちろんＳＮＳに投稿しなければよいだけなのだが、ＳＮＳは自身の消費記録であったり、アルバム代わりだったり、後述するように自己肯定感を高めるモノだったりする。ＳＮＳに投稿しないと（可視化されないと）、その消費は

「していないこと」と同じになる。つまり、**「他人を意識して消費がされる」という消費文化**が深く根付いている。

そして、サブスクリプションやフリーミアムなどを利用し、必要なモノを購入せずに目的を達成するという価値観を持つ消費者は増えている。それは、**モノを購入すること自体から得られる幸福感よりも、モノを購入することで得られる効用を重視している**と理解できるのではないだろうか。

さて、ここまで若者が消費に対して消極的な理由を「①消費したくても、消費できない」「②必要でないものをわざわざ消費したくない」「③情報量の拡大で、消費したいものが増えている」という3つの視点から考察したが、一方で、若者が消費をしたいと考えるコトも存在している。それは、昨今よく耳にするようになった「推し活」である。筆者の専門である「消費文化論」をベースに、第7章で消費文化の変遷をたどったうえで、「なぜ今、推し活が求められているか」を消費文化の視点から考えていきたい。

第7章

変わりゆく消費文化

消費とは、人間の欲求を満たすために財・サービス（商品）、空間、時間などを消耗することを指す。消費は生きていくなかで必要不可欠な行為であり、人類が誕生して以降、消費の繰り返しによって歴史はつくられてきた。どんなに身分の高い王族や将軍も、はたまた農民や奴隷など身分は異なっていても、モノを食べ、服を着て、住居に身を置く「衣食住」という行為は、生きていくという目的を達成するための手段であり、消費は生きることそのものである。

しかしながら、現代消費社会を生きる人は、必ずしも「必要不可欠」ではないモノ（＝好きなモノ）も情熱を持って消費している。そういった消費は日常に根をおろし、大きな意味を持っている。

モノを所有することの意義

心理学者アブラハム・マズローが提唱した「欲求5段階説」は、人間の欲求を5段階の階層で説明しており、低次の欲求が満たされると、1段階上の欲求が高まり、その欲求を満たすための行動を起こすようになるとしている**【図表7－1】**。衣食住のための消費は「生理的欲求」や「安全の欲求」に位置づけられる。

産業化の実現にあたっては、勤勉に仕事に取り組み、禁欲的な生活態度をとることが重要とされたが、産業社会が発展するにつれ、余暇や余裕を持つことができる人々が現れる。消費は遊びの性質を帯び、消費を通じて快楽を追求するような価値観にウエイトが置かれるようになっていく。こうした「消費志向的人間」が増加することで、大衆消費社会が成立していった**【図表7－2】**。

日本においては第2次世界大戦後、生理的欲求が十分に充足されていくと、大衆消費社会を迎え、モノの豊かさによって生活を便利で快適にしようとする時代になっていく。「消費は美徳」とされ、**モノを所有することを幸せとして価値を見出す、このような1970年代以後の消費潮流は「モノ消費」と呼ばれている。**

そして、モノによる欲求の充足は、その機能的価値（使用用途）による利便性のみならず、新規性や希少性による他人との差別化をも生み出していく。主に1980年代においては、モノのみならず「**ブランド**」**や**「**デザイン**」**といった〝記号〟によって他人と差別化を行い、そこで生まれた他者との差異によって、自己の欲求を満たしていく消費が行われるようになった。**このよ

▼図表７－１　マズローの欲求５段階説

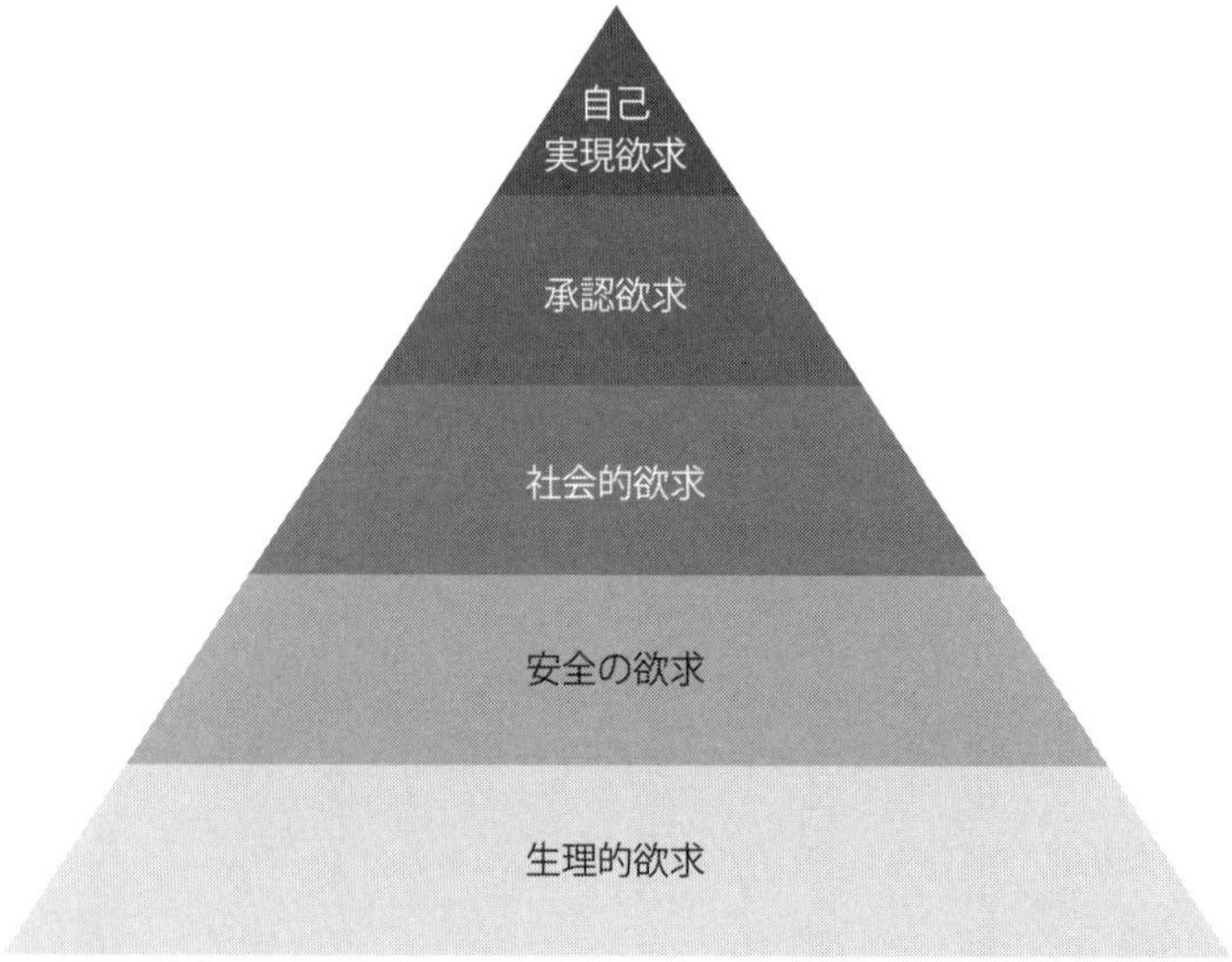

（出所）　筆者作成

▼図表７－２　産業社会と消費社会

社会	志向	エートス（精神的特性）
産業社会	生産志向的人間	勤勉に仕事に取り組み、禁欲的な生活態度をとる人間。産業化を実現するうえで重要な精神を持つ。
消費社会	消費志向的人間	産業社会が実現され、余暇や余裕を持ったことで、消費によって快楽を追求することに価値を見出した人間。

（出所）　間々田孝夫『消費社会論』（2000年９月、有斐閣）をもとに筆者作成

うな消費潮流は「**記号消費**」と呼ばれている。

ブランドロゴの価値——記号消費の特徴

記号消費の対象は、主に「ヴェブレン財」と呼ばれるモノであった。ヴェブレン財とは、アメリカの経済学者ソースティン・ヴェブレンが著書『有閑階級の理論』（1899年）のなかで、有閑階級が自らの財力を誇示し、それによって社会的尊敬を得る目的のために高額商品を購入することを、「衒示《げんじ》的消費」と呼んだことに由来する。高級ブランド品やラグジュアリー商品など、〝裕福〟〝豪華〟といった社会的文脈（メッセージ）を持つ記号の消費が対象で、価格が高いこと自体が価値であったともいえる。

この**「記号消費」の特徴は、実質的な役割を果たしていないという点**にある。たとえば、高級アパレルブランドのロゴは、それ単体では消費されることはなく、バッグや洋服に宿ることで初めて有形物となる。「ロゴ」という機能的価値がないものが、「バッグ」という道具的価値に付属することで実像をなし、かつ可視化されることで、他人に発信されるメッセージ（記号）が創造される。そのため、「ロゴ」という他人への記号が付与されたバッグは、バッグの本来の普遍的な目的を実現する「モノを運ぶ」という道具的価値ではなく、自分に宿ることで初めて存在が成立した「ブランド」（ロゴ）から得られる「人々からの反応」によって価値が見出されるのである。

このような消費は、そのメッセージが正しく伝われば、「記号」によるコミュニケーションが成立しているといえる。ただ、そのメッセージが他人には伝わってはいないものの、自分はそのような記号を伝える意図を持って消費している場合、その消費は当人にとって「モノ消費にみえる記号消費」といえるのかもしれない。

［道具的価値と記号の関係］

バッグ

道具的価値
（運ぶこと）を
目的として
購入される

ロゴ

ロゴは概念
であるため、
描かれないと
（何かに付与
されないと）
可視化されない

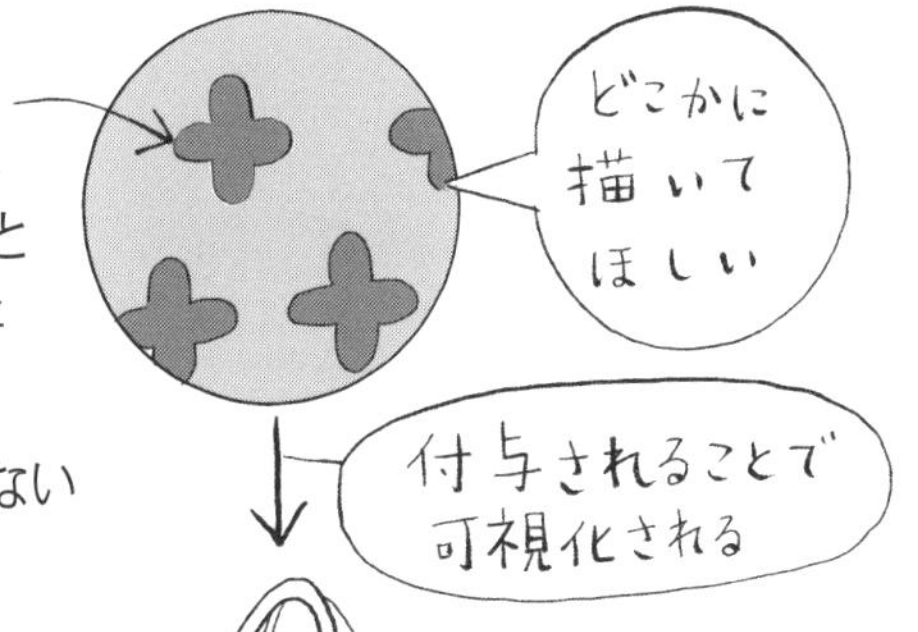

ブランドバッグ

ブランド（ロゴ）
という記号を持ち歩く
ことに重きが置かれ、
道具的価値は二の次に
なる

コト消費とインスタ映え

１９９０年代に入ると、それまで、モノや記号によって差別化意識や優越感を得ていた消費潮流から、旅行やグルメ、習いごと、趣味、ヨガやマッサージ・スパのリラクゼーションなど、アクティビティと呼ばれるサービス（消費機会）の需要が高まり、人より新しいコト、珍しいコトの体験や経験が人々の消費を活性化していく。このように、製品を購入して使用したり、単品の機能的なサービスを享受したりするのではなく、**購入したモノ・サービスを使ってどのような経験・体験をするかに重きを置く消費潮流を「コト消費」と呼ぶ**。大半の消費者が日常生活に必要なモノをすでに所有しており、またインターネットの普及により、価値観が多様化・細分化したことで、「心の充実を満たしたい」という欲求が、人々の消費を促したと考えられる。

ＳＮＳの普及により、「コト消費」は人々の強い関心事になっていった。従来、「他人にみせ（つけ）たい」と思う対象はヴェブレン財であったが、ファッション性のある洋服や流行の食べ物といった、一般消費財に付加価値が加わったモノや、その消費経験が主となっていく。「インスタ映え」のように、写真として映えることや承認欲求を充足させることが求められ、機能性よりもその見た目で選別されることが多くなった。

このような背景から「ＳＮＳにアップされていなければ、何も起こっていないのと同じ」という消費文化が定着しつつあり、特に若者の間では、「ＳＮＳに投稿することで消費が完結する」という価値観がより一般的となってきた。

そして、従来は、みせ（つけ）たいと思うものは「高価なモノ」という1つの尺度で価値が見出されていたが、昨今は、万人がうらやましいと思わなくとも、一部の人がうらやましいと思うモノやコトを顕示することが主流となっている。このような側面からも、消費されるモノは、道具的価値のみならず、それが持つ付加価値に重きが置かれ、かつその付加価値が多様化してきたといえる。

お揃いコーデ——モノ消費にみえるコト消費

ここで注目したいのは、「モノ消費にみえるコト消費」である。第3章でセオドア・レビットの「ドリルを買いにきた人が欲しいのはドリルではなく『穴』である」という言葉を紹介したが、消費者はニーズ（目的）を達成するためにウォンツ（手段）を欲しているにすぎない。レンタル、サブスクリプションといった「所有をしない」という価値観も浸透していった。つまり消費者は、モノを購入し、所有することから得られる効用ではなく、それを使用することで得られる経験や体験そのものに価値を見出すようになった。それが、「モノ消費にみえるコト消費」である。

一例として、「サーフボード」を考えてみてほしい。サーフボードは、サーフィンというレジャー・スポーツを行うためのツールとしての道具的価値があり、誰が使用しても大きな例外を除いてその使用方法は同じである。サーフィンという体験価値を得るためのツールであるため、サーフボード（モノ）の消費は、必然的にコト消費が行われることを意味する。モノを消費することが直接（製造業者も消費者も意図している通り）コト消費につながるため、「モノ消費にみえるコト消費」には該当しない。映画のＤＶＤや遊園地のチケットなども、同様である。

一方、若者を中心に始まった、ディズニーランド等の特定の場に行くために友だち同士等でお揃いの服を購入するといった消費は、「服」というモノ（道具的価値）を求めているわけではなく、「お揃い」という体験をするための手段である。

服が持つ直接的な価値が消費者の目的（ここでは、お揃いでその場所へ行くこと）を果たすわけではなく、「お揃い」かつ「一緒に」「その場へ行く」という条件が揃って初めて効用を生み出す（そのため、その服を着て1人でその場へ行っても、意味がない）。そして、SNS投稿により、お揃いでその場へ行く「仲間」がいるという自身の生活の充実度を他人に顕示することで、消費は完結する。つまり、このような消費は、一見、直接的機能価値を消費している「モノ消費」のようにみえるが、実はお揃いでその場所へ行く（コト消費）という「モノ消費にみえるコト消費」であるといえる。

昨今のＳＮＳでは、こうした**「モノ消費にみえるコト消費」の投稿が一般的となっており、それらは他の消費者の情報源となって、「疑似体験」としての効果**を持つ。そして、二番煎じの

「コト消費」や「モノ消費にみえるコト消費」を行っても、他の消費者と同じような再現性の高い消費結果しか生まれないことを、消費者はSNSを通して知っている。そのため、昨今では「**トキ消費**」と呼ばれる消費潮流が生まれている。

渋谷ハロウィンに若者が集まる理由
――トキ消費

「トキ消費」とは、博報堂生活総合研究所が2017年から提唱している消費潮流であり、そのとき、そこだけでしか味わえない盛り上がりを楽しむ消費である。特徴としては、「非再現性」「参加性」「貢献性」の3つがあげられる【図表7-3】。

たとえばハロウィンに仮装した若者が渋谷に自然と集まったり、ライブやフェスで盛り上がったりするなど、そのとき、その場にいないと味わえないライブ感を消費することが他人との差別化につながると、消費者は考えるようになった。いずれの消費もコトの体験に留まらず、消費者が他人と一緒に生み出すトキ（ライブ感）に主体的に参加する点が従来のコト消費と異なるといえるだろう。SNSの普及で他人の経験を疑似体験しやすくなったことで、より希少価値のある「そのとき、そこだけ」という点に人々が価値を見出しているといえるのかもしれない。

社会学者の鈴木謙介は、ワールドカップやオリンピックの盛り上がりを「日常生活のなかに突如として訪れる、歴史も本質的な理由も欠いた、ある種、度を過ぎた祝祭」と表現し、「**カーニヴァル化**」と呼んでいる。[注1] 現代社会は、共同体や伝統や組織といった確固たる基盤が失われているがゆえに流動的であるが、一方で、人々は常に自身の帰属心を得る源泉を求めている。そして今や我々は、確固たるコミュニティに自身を帰属させなくとも、「つながりうること」によって生まれる共同性によって帰属心を充足することが可能となった。ハロウィンの仮装で知らない他人と盛り上がったり、パブリックビューイングやスポーツパブなどで他の見知らぬ客と交流したりすることは、「ライブ感」という、つながりうることをきっかけとした瞬発的な盛り上がりによって、人々の集団への帰属心の源泉となっている。この瞬発的な盛り上がりが「カーニヴァル化」であり、トキ消費の本質ともいえるだろう。

▼図表７－３　トキ消費の３要件

非再現性	時間や場所が限定されていて、同じ体験が二度とできない。
参加性	不特定多数の人と体験や感動を分かち合う。
貢献性	盛り上がりに貢献していると実感できる。

（出所）　夏山明美「モノ、コトに続く潮流、『トキ消費』はどうなっていくのか」（博報堂ホームページ、2020年10月22日）より作成

付帯価値を重視する「イミ消費」

トキ消費の一方で、消費者のなかには、自身の精神的充足を目的とした消費だけではなく、他人や社会、環境に配慮した消費を目指そうとする者も見受けられるようになった。社会学者の間々田孝夫は、物質的な消費の豊かさの追求が実現され、記号等による他者との差別化を目的とした消費が飽和した消費社会は、「第三の消費文化」という局面を迎え、消費者のなかには「意識的であるか無意識的であるかを問わず、自然および社会に対する負の影響を回避し、その安定に資するような消費行為を行う」者も現れると指摘している。(注2)一般に、**エシカル消費**（エシカル＝倫理的・道徳的）と呼ばれるものがこれに当たるかもしれない。日常的に消費する衣類や食品などの生産背景には、児童労働や人権問題、劣悪な労働環境、環境破壊などの問題が潜んでいる場合がある。そういった課題の解決のために、商品自体の機能だけではなく、それらに付帯する社会的・文化的な「価値」に共感し、商品を選択する消費である。

ホットペッパーグルメ外食総研エヴァンジェリストの竹田クニは、２０１０年代からのこのような消費を「**イミ消費**」と名づけている(注3)。イミ消費における消費者の関心は、「環境保全」に限らず、「地域貢献」「フェアネス(正義)」「歴史・文化伝承」「健康維持」なども含まれており、商品選好時に、そのような付帯価値へ対価を支払うことによって、充足感や貢献感を得ようとする消費行動であるといえるだろう。

応援消費と物語消費

　ここまで、モノ、記号、コト、トキ、イミと、消費の価値観の変化について述べてきたが、筆者は昨今の消費潮流は、前述してきたものとは異なる「ヒト消費」の局面にあると考えている［図表7－4］。

　以前より「ヒト消費」という言葉自体は存在していたが、前述したハロウィンでの他人との交流や、気の置けない仲間たちとレジャーを楽しむといった、その場にいるヒトを効用を生み出す起因と捉えており、その本質は前述した「トキ消費」と変わらない。

　筆者が提唱する**「ヒト消費」は、個人の持つ魅力や物語をエンターテインメントとして捉えて消費すること**を指す。既存の概念でいえば、コラムニストの荒川和久がいう**「エモ消費」**（エモーショナル消費）が近いかもしれない。(注4) エモ消費とは、ロジカルには説明できないものの、「心が動く」「心に刺さる」といった、精神的な安定や充足感を求める消費のことを意味する。エモ消費の例として、荒川は、アイドル商法（握手券やイベント参加券などのために同じＣＤを何

▼図表７－４　消費潮流の変遷

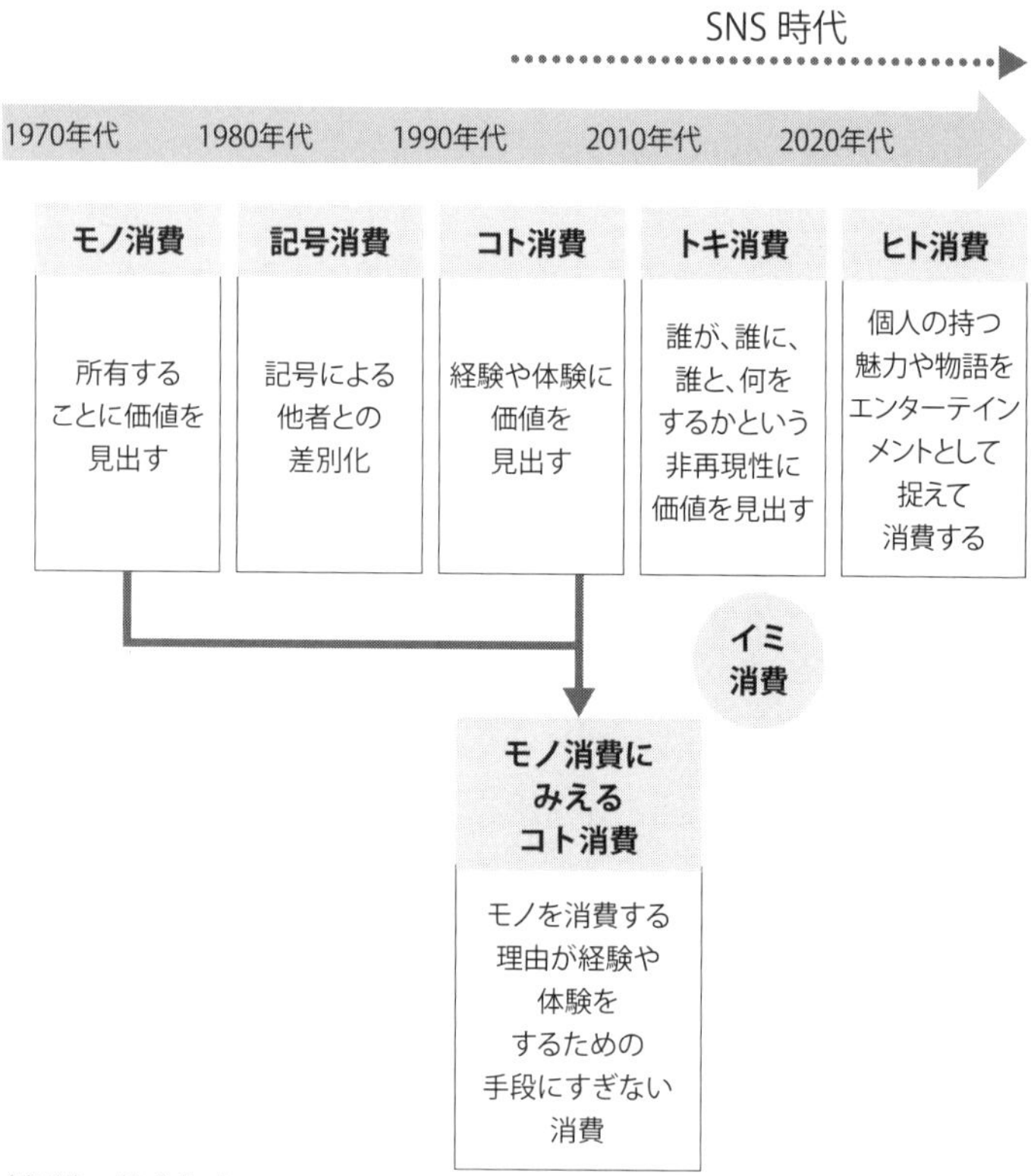
SNS 時代
1970年代
1980年代
1990年代
2010年代
2020年代
モノ消費
所有することに価値を見出す
記号消費
記号による他者との差別化
コト消費
経験や体験に価値を見出す
トキ消費
誰が、誰に、誰と、何をするかという非再現性に価値を見出す
ヒト消費
個人の持つ魅力や物語をエンターテインメントとして捉えて消費する
イミ消費
モノ消費にみえるコト消費
モノを消費する理由が経験や体験をするための手段にすぎない消費

（出所）　筆者作成

枚も購入すること）やクラウドファンディング、オンラインサロン（主に月額会費制のネット上で展開される会員制コミュニティ）などをあげており、自身の消費が役にたっているという自己満足感、大きなものを作成するうえで自身がその一部を担うという達成感、社会的役割を実感することで得られる承認欲求などが消費の動機づけになるとしている。他者支援という視点からみれば、イミ消費の側面もあるといえるかもしれない。

筆者の考えるヒト消費には、①応援消費、②物語消費の２つの側面がある。

「推し」の心理

「応援消費」とは、他人を応援することが応援する人自身（消費する人）の効用につながる消費である。

「応援」というと、震災後の被災者支援やコロナ禍の飲食店支援など、他者を支援する側面

（イミ消費）を想起する方が多いかもしれないが、ここでいう「応援」とは味方したりひいきにしたりするなど、後援・援助することを指す。昨今でいう「**推し活**」という言葉がこれに当てはまるだろう。推し活とは、「自身が好きな人（芸能人や声優など）を応援すること」を意味し、「2021ユーキャン新語・流行語大賞」にノミネートされるなど、一般に浸透してきている。

「推し」という言葉は、1980年代からアイドルオタクを中心に使われていた言葉で、AKB48のブーム以後、アイドルグループのなかで特定のメンバーを応援する際や、アニメやマンガなどのキャラクターグッズを購入したり、そのキャラクターの誕生日会を開いたりする際など、嗜好対象に対する愛情表現の1つとして、一般的にも使われるようになってきた。昨今のエンターテインメント市場においては、競合コンテンツと比較されることよりも、AKB48でシングルCD選抜総選挙が行われたように、同一コンテンツ内（グループ・作品）で人気投票のように競われることが多くなった。人気のあるメンバーは、メディア露出やグッズ展開の機会が増えるため、ファンは投票をしたりグッズ販売成績を伸ばしたりすることで「推し」を応援する。それにより、ファンは推しの活躍を目にする機会が増えるため、結果的にメンバー、ファン両者にとってウィン・ウィンの関係となる。また、残念ながら人気のないメンバーであっても、ファンはロイヤリティの高い消費者として、その周知、存続のために献身的に努める。

この「**推す**」**という心理には、ファン側の主体性が必要になる**と筆者は考える。

読者の方々にも好意を持っている芸能人がいるかもしれないが、テレビに出演していれば視聴するといったように、受動的な行動の範囲で留まっている人が大半なのではないだろうか。そして「ファン」という言葉を、ロイヤリティのある熱心な愛好者という意味ではなく、気軽な好意を表す言葉として使用しているのではないだろうか。

多くの消費者は、自身とその芸能人の間に接点の意識を持ってはおらず、自分が何もしなくてもその芸能人の人気があればテレビに出続けることができるし、彼らの活躍は自身の生活に何ら影響を及ぼさない、と考えている。我々の日常にはエンターテインメントが深く根付いており、芸能人に対する好意はエンタメ消費の一環にすぎない。好意を持っていたとしても、その芸能人のグッズやCMに出演している商品を必ずしも購入するわけではなく、直接消費が生まれることは少ない。どこか人ごとで、無責任な好意ともいえるかもしれない。

しかし、彼らを推している人々のなかには、「推し」の活躍は自身の応援が影響している、という当事者意識を持っている者もいる。そういった人々は「自分が何かしなくては、推しは活躍できない」と考えており、推しが活躍すれば自分のことのように嬉しいし、推しの人気が低迷したり、スキャンダルに巻き込まれたりすれば自分のことのように悲しく思う。文字通り、自身の推しと「共闘」する意識を持っているのである。

投げ銭とオーディション番組

「ファンが応援をしないと推しが活躍することができない」という〝システム〟は、多くの市場で導入されるようになり、新人アイドル発掘を目的としたオーディション番組では総じて、視聴者投票の人気順でメンバーの当落がなされている。

若者から絶大な支持を受けた「PRODUCE 101 JAPAN」や「Girls Planet 999」といった番組においても、参加者の大半は元々視聴者と何ら変わらない素人の若者であった。そのため、視聴者との心理的距離が近く、視聴者は友人やクラスメイトを応援する感覚でオーディション参加者を応援できた。

こういった応援消費は「**親近感消費**」とも呼ばれ、特にZ世代を中心に牽引されてきた。有名人やキャラクター等を応援する活動にお金を使う人の割合は、10歳代後半で42・1%、20歳代で31・8%であり、他の年代に比べて高い【図表7－5】。Z世代は、前述の通り、社会貢献意識が高いことから、応援したいと感じるものを消費する傾向がある。ここでいう「応援」には、

ＳＮＳで応援したい対象の情報を拡散する、動画配信アプリで投げ銭をする（お金やお金に換金することができるアイテムなどを配信者へ送るシステム）、クラウドファンディングに参加するなども含まれるだろう。Fintertechの「投げ銭市場調査」（２０２１年12月10日）によると、創作物やスポーツを対象とした投げ銭サービスの国内の潜在市場規模は３１００億円を超えており、男女ともに10～20代の熱心な消費が注

▼図表７－５　有名人やキャラクター等を応援する活動にお金を使うか

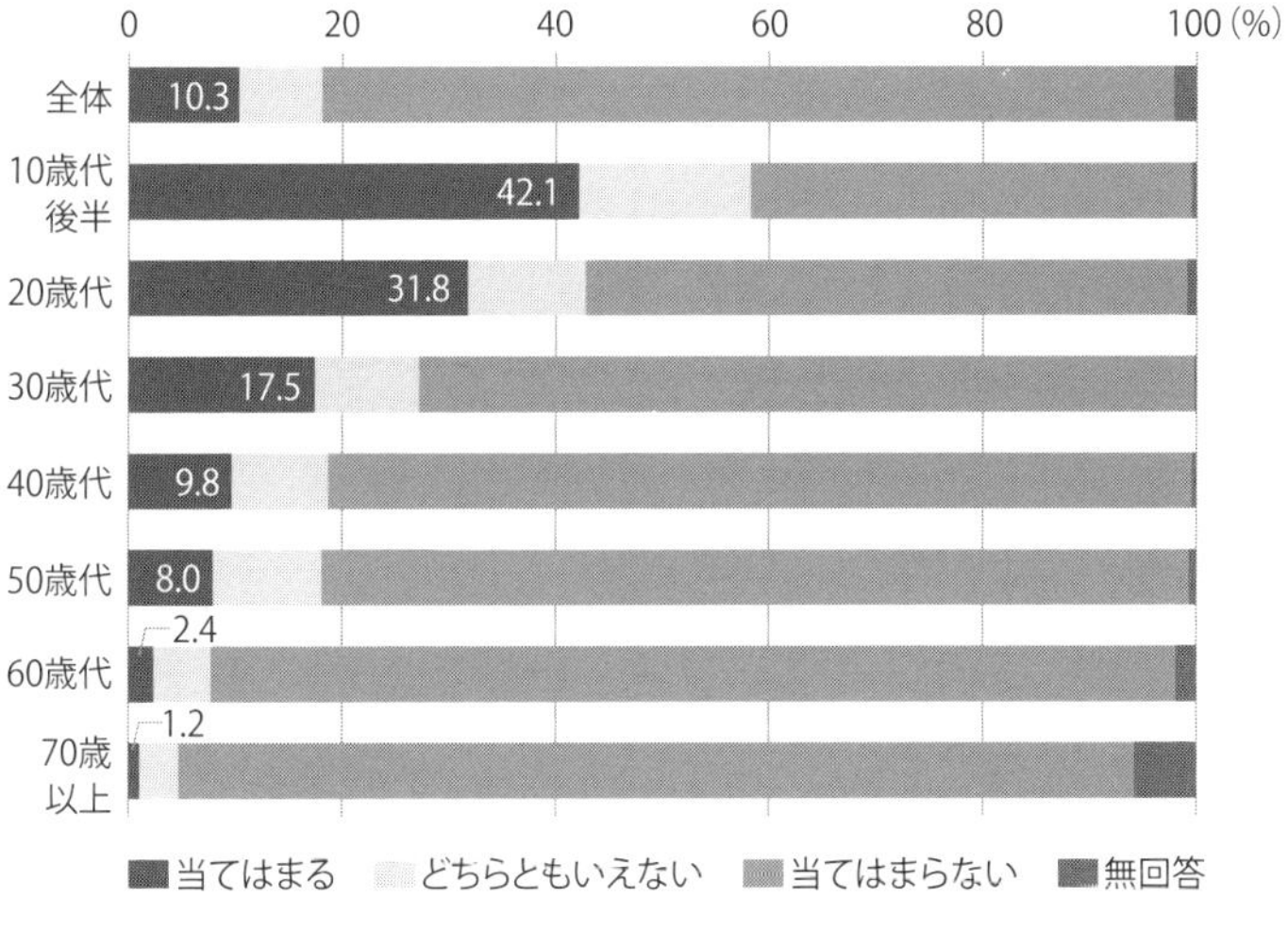

（注）　当てはまる：「とても当てはまる」「ある程度当てはまる」の計。当てはまらない：「あまり当てはまらない」「ほとんど・全く当てはまらない」の計。

※消費者庁「消費者意識基本調査」（2021年度）

（出所）　消費者庁『令和４年版消費者白書』より作成

目されている。このような「他人のために何かしたい」という若者の共闘・応援の心理は、自身の投票が参加者の夢を叶えるための助けになるオーディション番組のシステムと親和性が高い。若者の「推す」という消費者心理にマッチしたものといえる。

推しとファンは強いロイヤリティで結ばれ、推しを応援することは、自身の欲求を満たすことにつながる。推しを応援すればするほどのめり込んでいき、それにより得られる快楽や高揚感は大きくなっていく。**推しを応援することは、ファンにとっても、推しにとってもウェルビーイングなことなのである。**

Column

金融商品とZ世代

SHIBUYA109 lab.の「Z世代のお金と投資に関する意識調査」（2022年4月12日）によれば、Z世代が現代を生き抜くために必要と感じる知識は、「コミュニケーション力」（59・3％）や「語学力」（43・0％）を抜いて、「お金の知識」が73・0％で最多だという。

また、日本証券業協会の「証券投資に関する全国調査」によると、証券投資を「必要だと思う」20代の割合は、2018年度と比べて2021年度は上昇している【図表7－6】。

若者がお金の知識、いわゆる金融商品への理解や知識に対して必要性を感じている背景としては、ネガティブな側面とポジティブな側面があると筆者は考える。まず

▼図表７－６　証券投資を「必要だと思う」人の割合

（%）

調査年度	全体	20～24歳		25～29歳	
		男性	女性	男性	女性
2018	25.1	27.4	17.1	26.2	22.1
2021	30.9	34.0	25.3	41.3	35.2
増減	5.8	6.6	8.2	15.1	13.1

（出所）　日本証券業協会「証券投資に関する全国調査」（2018年度、2021年度）より作成

ネガティブな側面としては、金銭的な余裕がない点、預金金利が低く貯金をしても資産を増やしにくくなった点、老後生活には2000万円以上必要といわれている点など、将来のお金に関して漠然とした不安を持っている点などがあげられるだろう。

一方、ポジティブな側面としては、学習指導要領改訂により2022年4月から高校の家庭科の授業で金融教育が必修となった点がある。それ以前より、金融庁や金融広報中央委員会などでは学生向けに金融に関する情報発信や教材提供などをしており、教育課程のなかで金融に触れる機会があって、従前の世代が若者だった頃よりも金融に対するリテラシーが浸透してきているといえるのかもしれない。2022年4月に成年年齢が18歳に引き下げられ、18歳からクレジットカードをつくるなど金融に関する様々な契約を行えるようになったことから、金融教育の重要性はますます高まっているといえる。

また、マイクロインフルエンサーの存在も金融商品への関心に大きな影響を与えていると筆者は考える。マイクロインフルエンサーとは、簡単にいえば特定の領域に関して優れた技術や豊富な知識を持つ情報発信者のことを指す。昔はファッションやメイク、グルメなどの情報が発信されることが一般的であったが、現在では弁護士やFPなどが法律やお金に関して、わかりやすくかみ砕いた解説動画を配信しており、需要は高い。

昔はユーチューブなどの動画配信コンテンツは娯楽性が求められていた側面が大きかったが、

オリエンタルラジオの中田敦彦やメンタリストのDaiGoのユーチューブチャンネルなど、教養を得るためのユーチューブ視聴が定着したことが大きな要因だろう。

マネー関連のユーチューブチャンネルでいえば、「両学長 リベラルアーツ大学」（登録者数200万人超）や、「バフェット太郎の投資チャンネル」（同48万人超）など、人気チャンネルが多数存在する。昔からそのような教養を高めるための動画は存在していたが、その多くが投資を始めようとする主にビジネスマン向けにつくられており、大学の講座のように長めの尺で無機質、退屈なモノが多かった。そのため、バズる動画は少なく、大部分は若者の目にとまることは少なかった。しかし今では、若者を意識して簡潔に、ポップに、わかりやすくした動画がユーチューブのショート動画やＴｉｋＴｏｋに投稿されるのが一般的になっている。またインスタグラムにおいては、画像中心のＳＮＳということもあり、投資の仕組みに関するマンガが日々投稿されていたりする。ツイッターでは、損しない投資術や、初心者向けの投資など、特定の金融に関するトピックがバズることも多く、様々なＳＮＳが若者が金融商品に興味を持つ入り口になっている。

ヴァリューズの「ＳＮＳアプリ利用動向調査」によると、全体の10・2％がＳＮＳをきっかけに金融商品を購入した経験があるという。性別でみると、男性16・４％、女性５・２％と、男性の購買経験が顕著となっている。さらに詳しくみると、男性30代が23・９％と最も高く、男性40

代17・7%、男性20代16・1%と続く【図表7−7】。

NISAやiDeCo（個人型確定拠出年金）など気軽に始めやすい商品や、スマホ証券等の普及もあり、友人から口コミで情報を得るように、SNSに投稿されている他人の疑似体験が金融商品の購入を後押しする要因となっているといえる。

一方で、前出の「Z世代のお金と投資に関する意識調査」によれば、Z世代の半数以上が投資に興味があるものの、すでに現在投資をしていると答えたのは全体の1割程度にすぎない。

▼図表7−7　SNSをみて金融商品を購入した経験（直近1年以内）

（%）

全体		10.2
男性	全体	16.4
	20代	16.1
	30代	23.9
	40代	17.7
	50代	11.9
	60代以上	8.1
女性	全体	5.2
	20代	5.1
	30代	6.0
	40代	5.9
	50代	4.0
	60代以上	3.6

（出所）　ヴァリューズ「SNSアプリ利用動向調査」（2022年8月）より作成

興味や魅力を感じている一方で投資に踏み出せないのは、金融知識に対する自己評価の低さが影響していると考えられる。社会経験、投資経験が少ないこともあって、様々な金融商品のうち、Z世代の「理解している」が半数を超えたのは「預金」のみである【図表7―8】。

また、生命保険文化センターの「令和元年度　生活保障に関する調査」で金融に関する知識の自己評価をみると、男女ともに18~19歳、20歳代の「詳しい」の割合は他の世代と比べると低くなっている【図表7―9】。

預金金利は低水準に留まっており、若者が預金を中心にした貯蓄を行っているだけでは、将来形成できる資産は、上の

▼図表7－8　Z世代が理解している、興味がある金融商品

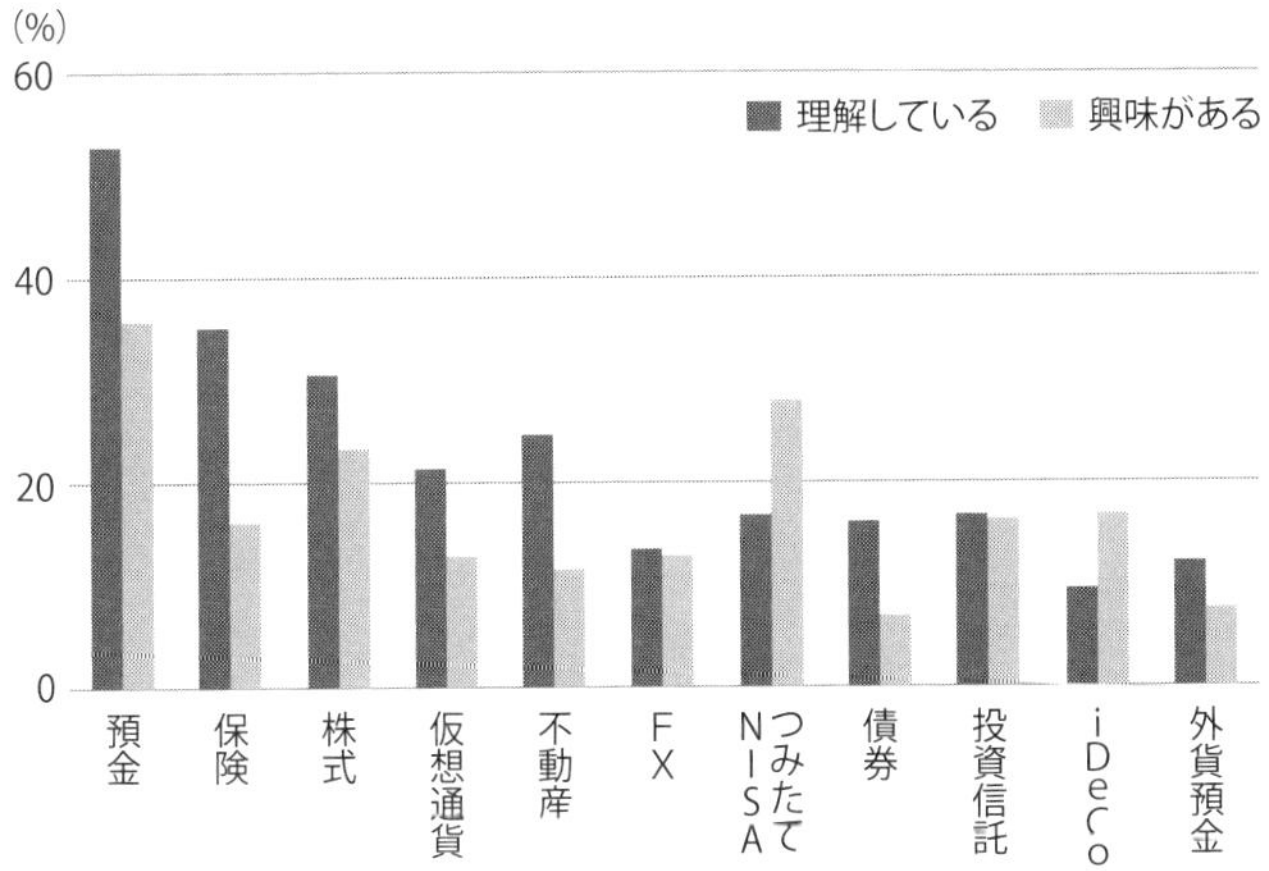

（出所）SHIBUYA109 lab.「Z世代のお金と投資に関する意識調査」（2022年4月12日）より作成

世代に比べて少額に留まるだろう。

第6章で述べた通り、若者は、お金に余裕がない。金融商品に興味を持ってもらうためには、「将来必要だから」（安泰だから）といった漠然とした遠い未来のための理由を提示するより、「なぜ」今必要なのかを自覚させる必要がある。そのためにも企業は、彼らの消費文化や懐事情、プライオリティを十分理解したうえで歩み寄ることが最善といえるだろう。

▼図表7－9　金融に関する知識の自己評価

（%）

		詳しい	どちらともいえない	詳しくない	わからない
男性	全体	11.6	19.5	67.4	1.6
	18～19歳	0.0	7.0	81.4	11.6
	20歳代	6.8	15.6	76.1	1.5
	30歳代	13.5	15.9	70.3	0.3
	40歳代	12.1	19.9	67.1	0.9
	50歳代	12.9	21.9	63.8	1.5
	60歳代	12.0	22.7	63.2	2.2
女性	全体	6.5	13.8	77.5	2.1
	18～19歳	0.0	7.7	92.3	0.0
	20歳代	3.0	4.1	90.4	2.5
	30歳代	5.7	9.7	82.2	2.3
	40歳代	4.8	13.9	79.1	2.3
	50歳代	9.2	18.6	71.0	1.2
	60歳代	7.9	15.9	73.5	2.7

（出所）　生命保険文化センター「令和元年度　生活保障に関する調査」（2019年12月）より作成

エンターテインメントとして消費される人々の物語

「ヒト消費」の2つ目の側面が「物語消費」である。

1989年に作家の大塚英志が提唱した消費形態で、商品自体が消費されるのではなく、商品購入を通じて背後にある「大きな物語」（世界観や設定など）が消費されているという考えである。たとえば、1980年代に社会的な大ブームとなった「ビックリマンチョコ」は、ウエハースチョコではなく、同封されているシールが子どもたちを熱狂させた。シールに夢中になったのは、シールのデザイン性だけでなく、シールに描かれたキャラクターが持つ物語に魅了されたからである。1985年から発売された「悪魔VS天使」シリーズでは、シールの裏面に断片的な情報が書かれており、それらを集めて組み合わせるとみえてくる物語によって人気を得た。物語消費は、作者や制作会社が用意したシナリオ（世界）を消費者が消費することで成立したものだといえよう。

しかしよくよく考えれば、〝物語〟はフィクションの世界だけのものではなく、私たち一人ひとりが持つ人生そのものも〝物語〟であり、私たちはときに他人の物語を消費することで感動や娯楽を得る。エンターテインメントとして消費される人々の物語は、主に①ノンフィクションドキュメンタリー型、②企画型、③コンテクスト型の３つに分類できると筆者は考える。

①ノンフィクションドキュメンタリー型

他人の人生の一側面をいわばコンテンツとして捉え、彼らの生活や体験談という、つくられていない物語に笑ったり涙したりすることを指す。たとえばスポーツ選手の生い立ちや、スラム街の子供たちを題材にしたドキュメンタリーなど、他人の生活様式に対して共感する、あるいは、何かを達成するまでの過程に心動かされることは多い。私たちは、メディア等を通して知る人々の生きざまに心を打たれるのである。

②企画型

第三者が用意したシチュエーションのなかで垣間見られる人間模様をコンテンツとして扱い、娯楽性を見出すのが企画型である。

２０２０年に「Make you happy」でプレデビューしたガールズグループのNiziU（ニジュー）がよい例である。Nizi Projectと呼ばれるオーディション企画からデビューした彼女たちは、予選や合宿模様などデビューするまでの道のりが一種のドキュメンタリーとしてHuluを中心に配信された。夢をつかむために奮起する彼女たちの物語は、一種のコンテンツとして消費されていたといえよう。このように、昨今のアイドル市場では成長していく過程までも1つのコンテンツとしてファンに提供されることが多くなった。また、恋愛リアリティ番組の「テラスハウス」や「バチェラー・ジャパン」「オオカミくんには騙されない」などもこれに含まれると考えられる。

③コンテクスト型

我々は、特定の人物に起こったできごとを過去に起きたできごとと関連づけて連続性のある物語として消費しようとする傾向がある。特にテレビ番組では、過去のＶＴＲを用いて、そのイベントが過去のできごととつながりがあったり、バックグラウンドがあることを視聴者に再認知させ、現在のできごとをよりドラマチックに演出しようとする。

たとえば１９９８年サッカーワールドカップで当時日本代表監督だった岡田武史は、メンバーから三浦知良選手を外した。彼にとっては人生の１つのできごとかもしれないが、２００７年に日本代表監督に再任して以降、メディアは三浦を外したことに後悔がなかったか岡田に度々質問した。サッカーファンも三浦の日本代表選出や、スタッフとして同行することを待望するなど、三浦が今度こそ２０１０年のワールドカップ代表にかかわれることを期待した。本来なら１９９８年のワールドカップと２０１０年のワールドカップはそれぞれ独立した文脈で消費されるはずなのだが、岡田が監督をすることで、人々は三浦の存在を見出そうとして「三浦知良を落選させた物語」の延長として岡田の監督就任を消費しようとしたのである。

こういった傾向は、ＳＮＳの普及に伴ってますます強まっている。ＳＮＳではユーザー同士が、各々が持っているできごとや関係者に関する情報を発信し、ユーザー同士で情報を補完し合う傾向があり、(注5)そこでは小さな情報が大きな物語として昇華していく。

たとえばオリンピックで金メダルをとった選手がいると、その選手が過去にインタビューでオリンピックに関して発言している記事や動画がＳＮＳに投稿され、さらにそれを補完するように他のユーザーがその選手の生い立ちのエピソードや幼少期の写真・映像を投稿する。そして、金メダル獲得という物語を、連続性のある大きな物語としてSNS上で消費していく。前述した「カーニヴァル化」に類似する面があるといえ、人々は話題の人やできごとをフックとして盛り上がり、共感したり、感動したりするのである。

話題の人物に対して井戸端会議をするのは、今も昔も変わらない。しかしSNSは、様々な人々が使うインターフェイスという性質もあり、関係者や熱烈なファンによる情報提供を通じて、マスメディアではわからない人となりを知ることができるため、より親近感を抱かせ、応援したいという感情を掻き立てる。

ただ、SNSにおける情報やブームの変わりゆくスピードは速く、ヒトやできごとはインスタントに使い捨てられ、代わる代わる消費されていくという負の側面もある。殺人事件や事故などの悲しいできごとも瞬間的な話題として消費されるが、瞬く間に人々の関心は薄れていくことが多い。誰もがパパラッチのように「今」を投稿し、ネットの海や現実を詮索できるようになったこととあわさり、国民全体が無責任な報道を行い、人々を煽っているともいえる。

Column

ゲームアプリへの課金

現在の若者の消費対象の特徴の1つに、ゲームアプリへの課金がある。

SMBCコンシューマーファイナンスの「20代の金銭感覚についての意識調査2022」（2022年1月13日）によると、20代の18・4％がゲーム課金をしており、課金している人がひと月あたりにかけている金額は平均4804円であるという。

また、アスマークの「スマホゲームの課金に関する調査」によれば、スマホゲームユーザーのうち約4割が直近1年の間に課金経験があり、年齢が低いほどその傾向は高い【図表7－10】。同調査によると、課金経験がない人の7割超が、ゲーム内で「誰ともコミュニケーションをとらない」のに対して、課金経験がある人の7割近くがゲーム内で他のプレイヤーとコミュニケーションをとっており、ゲームに課金しているユーザーの方がよりコンテンツをインタラクティブに消費していることがわかる。

一昔前は、最新のオモチャやカードゲーム、テレビゲームなどが自慢の対象であったが、現在は、課金額や、課金をしなくては出てこないキャラやアイテムなどがその対象となっている。

このようなコンテンツに対する「課金」行為の一般化や、サブスクリプション、レンタルによる「所有しない」選択の普及により、**形のないモノ（データ）にも価値を見出す価値観が浸透していった**といえよう。

　また、キャッシュレスの進展も、消費に影響を与えている要因の一つとなっている。従来、金銭のやりとりは表立ってやるべきものではないとされていたが、電子マネーやSNSの利用、アプリを使った決済・送金の普及などにより、LINEのスタンプを気軽に友人同士でプレゼントし合う、スターバックスのデジタルチケットをちょっとしたお礼に送る、PayPayを利用して割り勘や立替払

▼図表７－10　スマホゲームユーザーの課金経験（直近１年間）

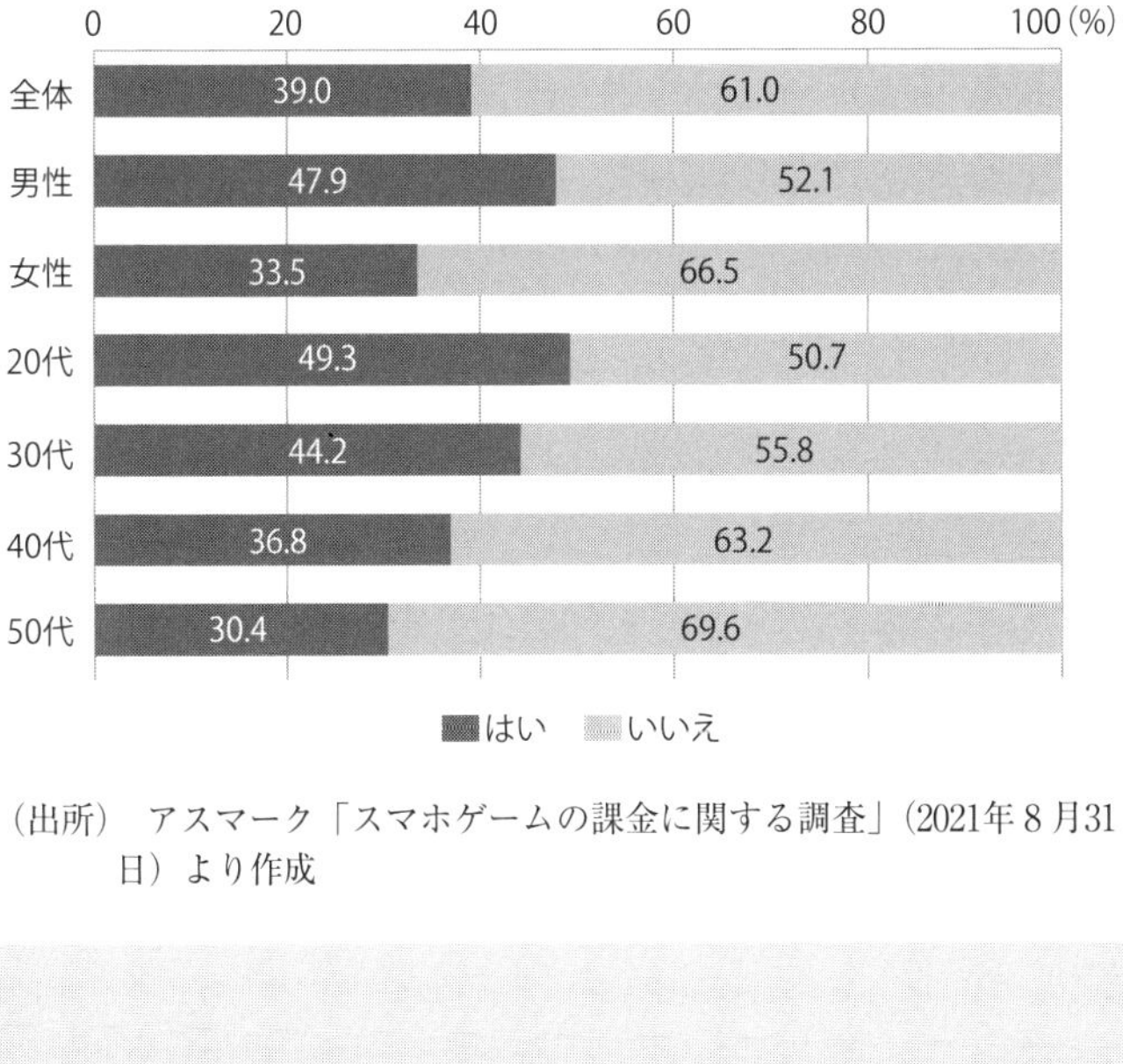

（出所）　アスマーク「スマホゲームの課金に関する調査」（2021年８月31日）より作成

いの精算をするなど、キャッシュレスで気軽にやりとりすることが増えた。消費者の意識は昔とは大きく変化してきているといえよう。

ＣＤなどの有形物の消費の場合、自身の財布のお金の目減りや、積み重なっていくＣＤ等によって少なからず消費への罪悪感を感じ、過度な消費を抑制していただろうが、スマホ上の簡単な操作で現金を送金できる投げ銭やゲームアプリへの課金というシステムでは、実際に消費している意識は有形物の消費による現金支出の負担感よりも薄いだろう。最初は少額であっても、「推しにいい顔をしたい」「他のファンと競いたい」という欲求が課金金額を増額させるトリガーとなっていく。

応援する手段の拡大

「ヒト消費」は、今後、我々の消費行動のなかに定着していくと筆者は考える。誤解されないように付け加えると、これは「モノを所有することに、人々が価値を見出さなくなった」ことを意味するのではない。時代の流れとともに、消費者が満たしたいと思う欲求を満たす手段は変化していった。我々は昔からヒトを消費することにエンターテインメント性を見出してきたが（スポーツ観戦や芸能人のゴシップ、ドキュメンタリーは昔からの人気コンテンツであった）、市場環境の変化により、**「ヒト」がより消費者が消費したいと思う対象へと昇華していった**のである。

そして、昨今の「ヒト消費」における応援消費に焦点を当てれば、**「推す」という行為が大衆化し、誰もが「推し」の対象を持つことが一般的になっている。**従前は路上ライブをしているアーティストのギターケースに小銭を入れることくらいしか、彼らを支援することはできなかった。また、一時期主流になったアイドル商法では、同じCDを何枚も購入して、時にはそれを廃棄するといった、一般的な消費行動からは理解されがたい非効率的な方法でしか支援ができず、

「オタク」と呼ばれる消費者は奇異の目でみられることもあった。

しかし今では、インスタグラムなどのＳＮＳやPococha（ポコチャ）などのライブ配信アプリを通じて応援する手段（インフラ）が整い、数多くの配信が行われるようになった。そうしたものを通じて、ファンは「推し」に対して直接経済的支援を行うことができるようになった。新しい舞台や、ＣＤの製作、写真集の発売などをクラウドファンディングによって支援することも一般的となっている。また、Fantia（ファンティア）のように、誰でも手軽にファンクラブを開設し、イラスト、小説、コスプレ写真、音楽、映像などを手軽に投稿できるプラットフォームも誕生している（２０２２年12月時点でのファンティアの累計ファンクラブ数は45万件以上に達し、累計ユーザー登録者数は９００万人を突破している）。

このように、**支援する手段に選択肢があり、かつそういった手段で他人を応援することに対して消費者の抵抗感がなくなった**（カジュアルにやりとりできるようになった）ことが、昨今の応援消費の大きな特徴といえる。

（注）１　鈴木謙介『カーニヴァル化する社会』（２００５年5月、講談社）
２　間々田孝夫「『第三の消費文化』の概念とその意義」（立教大学社会学部『応用社会学研究』第53号、２０１１年）
３　竹田クニ「変『質』する外食市場～マーケットの読み方と付加価値の磨き方～（前半）」

（2018年1月25日）

4　河合起季「コト消費の次に来る「エモ消費」代表例3」（プレジデント社「PRESIDENT Online」、2019年4月20日）

5　意図的に情報を補完し合っているわけではなく、各々が起点となる投稿にリプライをしたり、同じハッシュタグを使って新たな情報を提供したりすることで、結果的に1つのデータベース（コンテンツ）となり、人々に拡散されていく。また昨今、人々は情報ソースとしてSNSの検索機能を用いている。検索されると「話題の投稿」はまとめて表示されるケースが多く、そのワードで検索したユーザーは総じて同じ投稿をみることとなり、そのような形でも情報が拡散されていく。

Column

アイドルの今昔

全国の女子中高生メンバーの選考をもとにしたＡＭＦの「ＪＣ・ＪＫ流行語大賞２０２１」（２０２１年11月29日）では、推し活に関するキーワードが多数ランクインしている【図表７ー11】。

まず、ヒト部門１位の「ＩＮＩ」（アイエヌアイ）は、韓国発祥のサバイバルオーディション番組「PRODUCE 101 JAPAN SEASON2」から誕生した日本の男性アイドルグループである。全国各地から集まった１０１人の練習生のなかから国民投票（視聴者投票）で勝ち残った11人のメンバーによって結成された。トレーニングやミッションなど、デビューま

▼図表７－11 「JC・JK 流行語大賞 2021」にランクインした推し活に関するキーワード

トレンド名	部門／順位	概要
INI	ヒト１位	GYAO!と５GLABを利用した投票システムによりメンバーが選ばれた
Girls Planet 999	モノ１位	ガールズグループオーディション番組。UNIVERSEを利用して投票する
トレカデコ	モノ５位	推しのトレーディングカードをデコレーションする
UNIVERSE	アプリ５位	Girls Planet 999で投票するためのアプリ

（注）「ヒト」「モノ」「アプリ」「コトバ」の４部門があり、ランキング形式で各５位まで発表。
（出所） AMF「JC・JK流行語大賞2021」（2021年11月29日）より筆者作成

での過程を放送することで、視聴者は自身の「推しメン」（推しているメンバー）を見つけていく。ミッションが終わるごとに選考のふるいにかけられるため、視聴者は自身の推しメンが脱落しないように投票する。

アイドル全盛期であった1970〜1980年代は、アイドルたちはデビュー前にトレーニングやレッスンを積み、メディアに出るときにはアイドルとしてほぼ完成されていたケースが多かった。売れるためには、事務所の大きさやマネジメント能力が必要であったし、ステージから降りてもアイドルはいわば偶像として「ステージ裏の姿」をみせてはいけない存在であった。

しかし昨今は、アイドルの性質が変化していると筆者は考える。従来のアイドルは外見や歌唱力といった比較的可視化（客観視）された基準でファンを獲得していたが、昨今は、素人から発掘され、成長していく過程までも1つのコンテンツとしてファンに提供されることが多くなった。トレーニング過程やそのなかでみられる人間模様をファンにみせる（みられてしまう）ことで、アイドル自身の人間性もファンの評価基準となったのである。人間性の良し悪しは、客観的な基準がないため、ファンの主観で判断されることになる。自分が考えるそのアイドルのよさを他人に推奨したいというファン心理から、「推す」という言葉は浸透していったと筆者は考える。

「PRODUCE 101 JAPAN SEASON2」において、ファンは、自身の推しが選考に残り、テレビに出続けられるかを自分のことのように一喜一憂しながら見守り、投票という形で支えた。参加者の大半は素人で、視聴者との心理的距離が近い。
　Z世代は、社会や他者への貢献意識が高く、応援したいと感じるものに消費する傾向がある。こういった応援消費（親近感消費）の共闘・応援の心理と、自身の投票が参加者の夢を叶える助けになるオーディション・システムの親和性が、INIの人気につながったといえる。

［トレカデコ］

　同様に、モノ部門1位の「Girls Planet 999」もファンからの投票で選考のふるいにかけられるオーディション番組で、アプリ部門5位の「UNIVERSE」を用いて視聴者投票が行われた。若者の「推す」心理にマッチしたといえよう。
　モノ部門5位の「トレカデコ」は推しのトレカ（名刺サイズの写真）を硬質カードケースに入れてラインストーンやシールを使ってデコレーションすることを指す。元々、推しのブロマイドや人形、アクリルスタンド等を持ち歩き写真に写り込ませる文化がオタクの間で成立しており、トレカデコもその派生といえるだろう。そのなかでもトレカデコが若者に選ばれる理由は、低コストで楽しめる点であると筆者は考える。趣味や興味が多くなるほど、オタ活（オタクの活動）にかかる消費は分散する必要がある。また、いつまで自分がそのコンテンツが好きかわからない（自信がない）のに、一つのコンテンツに対して支出を集中させることはリスクとなる。そのため、極力低コストかつ、自身の推しに対する熱心度を表現できる「トレカデコ」のような文化が、気軽に推しを応援できるツールとして広がったと考えられる。

将来に対するビジョンが見出しにくく、かつストレスにあふれる現代社会を生き抜いていくうえで、消費者は現在志向になりがちである。帰り道に少し高めのコンビニスイーツを買ったり、ゲームセンターで楽しんだり、テーマパークで非日常を経験したりするなど、目の前にある消費を積み重ねていくことは、ご褒美となって、日々の活力や安寧感につながる。そのなかで、自分

［アクリルスタンドと一緒に撮影］

の好きなものを追求する推し活による消費は、自身の精神的充足につながる効果が高い。推し活をしている間はツライ日常を忘れることができる、したくない仕事を続けられるといったように、推し活による消費は、自身を甘やかすことにつながるのである。推し活に限らず、Z世代の消費は**「自分の心を満たすものには消費は惜しまないものの、それを追求したいがためにその他の消費においては賢く消費を抑える」**傾向があり、彼らの消費文化を読み解くうえでの重要な視点であると筆者は考える。

第8章

自己肯定感

SNSが若者にもたらしたもの

ヒトはコミュニティ(注1)のなかで生きており、家庭や地域、学校、会社等におけるつながりは生活に大きな影響を与える要素である。しかしながら、人と人との物理的なつながりは、従前より希薄化している。核家族化とともに地域のつながりは減少し、(注2)隣に誰が住んでいるかを知らないことも多い。そして、学校や会社での人間関係は、たまたま同じところに属している（その場に寄せ集められたともいえる）ということだけを共通項にした処世術が求められる。会社で隣に座っている同僚・上司と好きなモノや価値観が同じなのは稀で、個人の私生活には深入りせず公私混同しないことが一般的になった【図表8－1】。

そのため、昨今は、ブランドやコンテンツを含む娯楽的、嗜好的に集った集団をコミュニティとして捉えることが多くなった。それを可能にしたのがSNSの存在である。

SNSを通じて我々は、自身と同じ趣味を嗜好する他の消費者と簡単に結びつくことができるようになった。「今日から○○オタクを始めました」と宣言して他のオタクたちの輪に入ろうとする積極的な若者も増えているし、「#〇〇ヲタさんとつながりたい」といったハッシュタグを用いてつながりの裾野を広げていく動きもみられる。一種の「コンテンツコミュニティ」を形成する動きといえよう。

従来、ネット上の付き合いは、実社会における人間とのつながりに比べて希薄であると評価されてきたが、SNSの普及、多様化により、その事情は大きく変化した。匿名もしくはハンドルネームでやりとりして特定の掲示板やゲーム内のみでコミュニケーションがとられていた頃と異なり、昨今はLINEを交換していない人でもツイッターのスペース機能を使えば会話ができるし、インスタグラムには通話機能も拡充されている。1つのSNS上だけでも、十分すぎるほどのコミュニケーションがとれるといえよう。

仮に現実社会で自分の趣味を理解してもらえなくても、SNSには自分と同じような趣味を嗜好している人

▼図表8－1　職場における「友だち」の人数
（職場で「友だち」と呼べる人は何人いるか）

1位	0人	62.8%
2位	2人	10.1%
3位	1人	9.7%
4位	5人	5.3%
5位	3人	4.5%

※対象：社会人男女
（出所）　マイナビ学生の窓口　調査（2017年4月）より作成

が数多くいて、自分の趣味を肯定してくれるので、気楽に人間関係を構築できる。SNSで交友関係を広げれば、いつでも誰かがSNSのタイムラインにいる。居心地の悪いコミュニティに無理に属して集団のなかでの孤独を味わうくらいなら、**現実社会のコミュニティよりもネット上のコミュニティにプライオリティを持つ方がよい**と考える傾向が強まったといえるだろう。

SNSで自分の趣味を誰かが肯定してくれることによって、「自分はこの趣味を続けていいんだ」「自分が消費しているモノを理解してくれる人もいる」「現実社会では理解されなくても、ネットの世界では自分の趣味はマジョリティだ」との思いが出てくる。画一化された幸福が消滅するなか、同じ趣味を愛する同朋の数（SNSのユーザー）や「いいね」の数によって、「その趣味を消費することに対する肯定感」はより高まっていく。そしてそれは、皆が認め称賛してくれる趣味を持っている「自分自身の肯定」にもつながっていく。

SNSは、若者に自身が肯定される喜びをもたらしたのである。

Column

昔とは違う「オタク」

読者の皆さんは、「オタク」（ヲタク、ヲタ）と聞いて、どんな人物像を思い浮かべるだろうか。

オタク研究家である筆者は、「オタク」の本質は「自身の感情に〝正〟にも〝負〟にも大きな影響を与えるほどの依存性を見出した興味対象に対して時間やお金を自分のできる範囲の限界まで消費することにより、精神的充足を目指す」という消費性であると考えている。しかし昨今、「オタク」という言葉は大衆化し、コンテンツに対するお金や時間の消費の熱心度とは関係なく、自身の興味対象やブームに対して「自身は〇〇オタクである」と名乗ることが一般化した。従前は、同じコンテンツを嗜好する他の消費者から知識量や熱心さを比較され、「にわか」や「ライト」などとネガティブな烙印を押されることもあったが、そういった認識は薄れてきている。

特にZ世代は、オタクを自身のアイデンティティと同義で用い、他人がどうあれ、自身の興味がある対象はすべてオタクであり、「自身は〇〇オタクである」と名乗ることが一般的となっている。SHIBUYA109 lab.の「コロナ禍におけるZ世代のヲタ活実態調査」によれば、Z世代の75・5％が、自分は何かしらの「ヲタ」と認識しているという【図表8－2】。Z世代は、それ以前の世代がオタクという言葉に対して持つことが多いネガティブなイメージを抱いておらず、むしろ何かしらの対象や趣味に熱中している人というポジティブな印象を持っているようである。

そして、従来のオタクは、

▼図表8－2 「ヲタ」であることの自覚（自分が「〇〇ヲタ」といえるものがあるか）

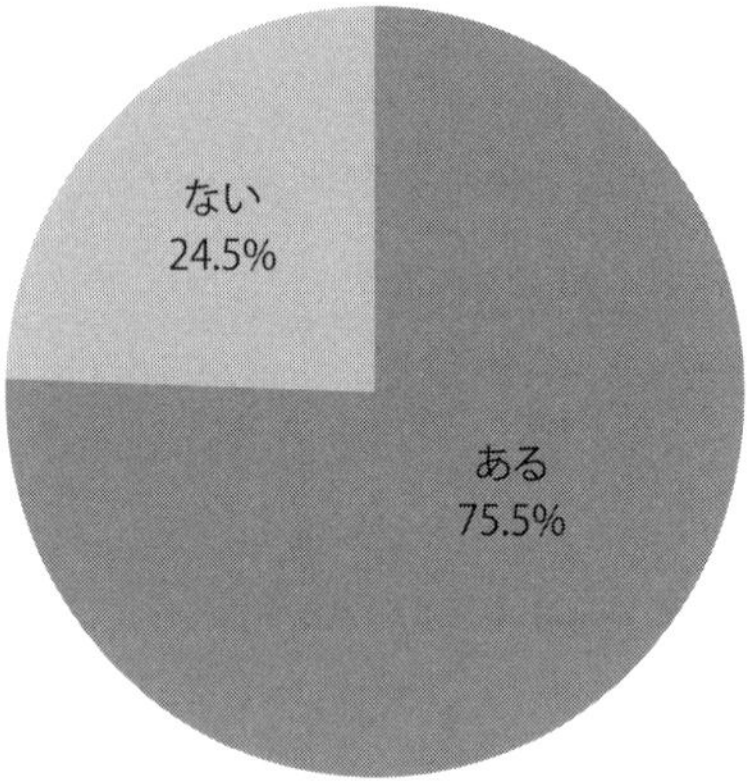

（出所） SHIBUYA109 lab.「コロナ禍におけるZ世代のヲタ活実態調査」（2021年6月）

1〜2つのコンテンツに絞って継続的かつ集中的に消費する傾向があったが、若者文脈におけるオタクは、「今は○○オタク」といったように、その場その場でつけ外しが可能なタグのような役割を持つようになった。一時的ブームや興味に対してもオタクという語を用いるため、別の興味対象を見出したらそちらに乗り換え、新たな「○○オタク」を名乗るといった行動を繰り返していく。「オタク」を名乗ることの意味は、従来とは全く違うものになっていると理解できよう。

自分の思いやストーリーを伝えたい

若者の「自己肯定感を高めたい」という意識は、消費行動を通しても垣間見ることができる。若者は消費に慎重で、消費を失敗したくないという価値観を有しているため、わざわざアクションを起こした消費行動は、自身の信念やポリシー、意思、スピリットを表すモノといえる。そのため、SNSでは、商品の魅力とともに、「私が選んだ」という消費に至るまでの思いやストーリーもみせたいと考えている【図表8－3】。

高級ブランドバッグを例にとれば、手に入れたモノ自体から発信される金持ち自慢ではなく、ブランド価値やデザイン等と並行して、「どれだけこれを手に入れるのが大変だったか」「どうして欲しかったか」といった購買の裏にあるストーリーを提示したいと思う若者が増えている。特にコロナ禍以降は、自宅での時間の質を高めるニーズが高まって、サステナブルな消費が嗜好される傾向があり、使い捨てや継続して消費できないものよりも、少し高くても体によいモノ、継続して使えるモノが購買される傾向が強くなった。

　このような消費をＳＮＳに投稿する際、自分がその商品に出会った経緯、その商品が社会にもたらす正の影響等を含めて発信することで、商品自体への「いいね」だけではなく、その商品を自身が〝消費した動機〟に賛同してもらえる。他人から賛同されることでその消費は肯定され、ひいては、その消費行動を行った自身の肯定につながるのだ。

　つまり、若者は消費に際して、次のような過程を経ている。

▼図表８－３　買ったものや、気持ちを発信したいか

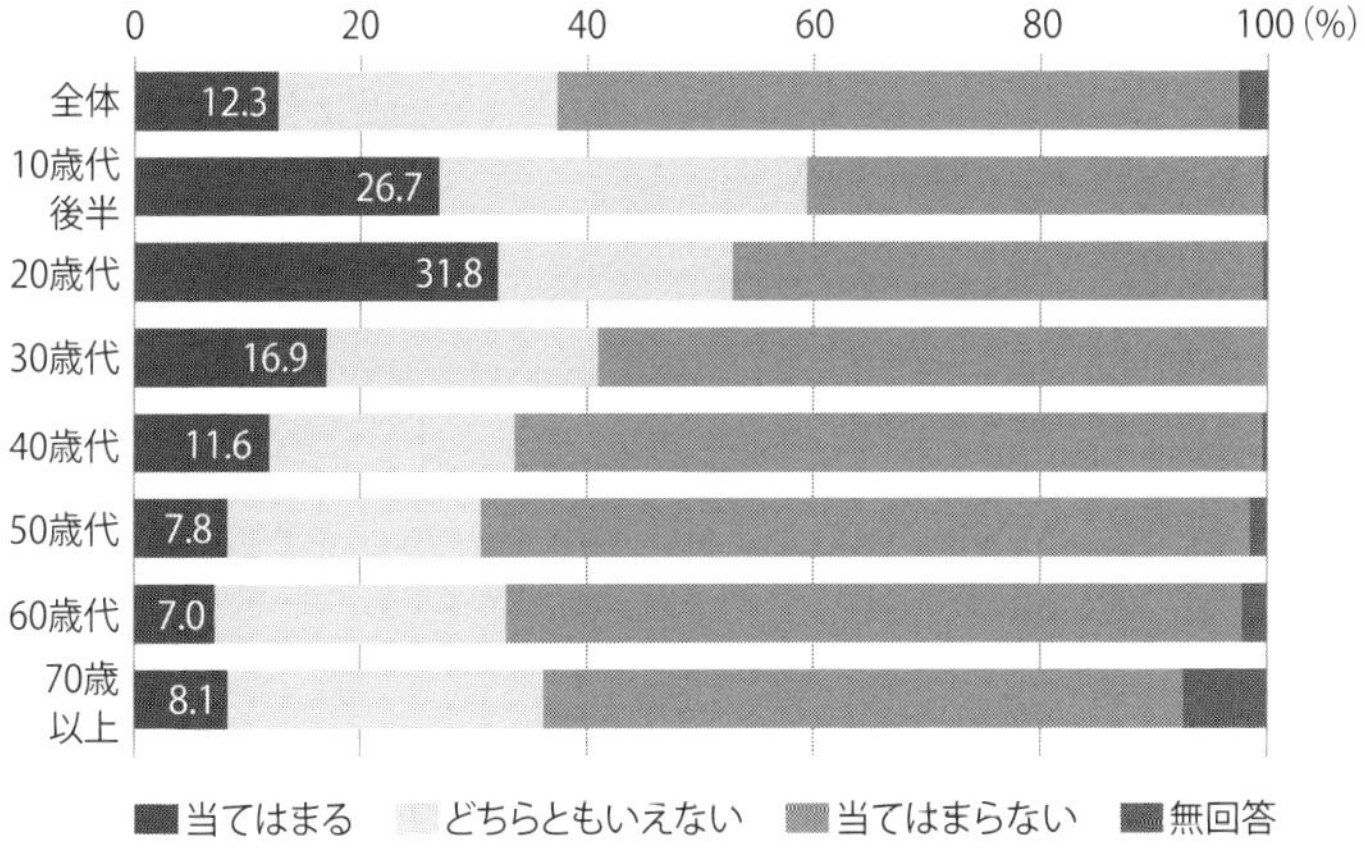

（注）　当てはまる：「とても当てはまる」「ある程度当てはまる」の計。当てはまらない：「あまり当てはまらない」「ほとんど・全く当てはまらない」の計。

※消費者庁「消費者意識基本調査」（2021年度）

（出所）　消費者庁「令和４年版消費者白書」より作成。図表８－４も同じ。

SNS上の誰かの消費を参考に、それを、わざわざ自分が消費する必要があるかを考える。

↓実際に消費する（消費したものによっては、社会に貢献している、他人の夢や権利を応援しているといった感覚を得る）。

↓消費を振り返る。

↓振り返りをもとに、SNSに投稿する。

↓投稿したことで、消費結果や自身の感想が視覚化される。

↓視覚化された投稿をもとに、自身の消費結果を再確認する。

↓理解してくれる他の消費者からの反応を受ける。

↓自身の消費に対するマインドや精神が評価されたことで、自己肯定感が高まる。

↓誰かが、それを参考にして消費する（SNS上にある投稿を参考に（疑似体験）、誰かが消費する）。

↓自身の消費が人のためになっているという感覚が生まれる。

↓自己肯定感が高まる。

消費者庁の調査によると、「自分が発信したものに反応が欲しい」人の割合は、10歳代後半、20歳代ともに約3割で、他の年代よりも高い【図表8－4】。

これまで、消費結果に対する他人からの反応を求めるのは承認欲求が中心とされてきたが、最近の若者は他人の反応から自身の存在を確認すること（社会貢献性）を重視しているといえるのかもしれない。

▼図表8－4　自分が発信したものに反応が欲しいか

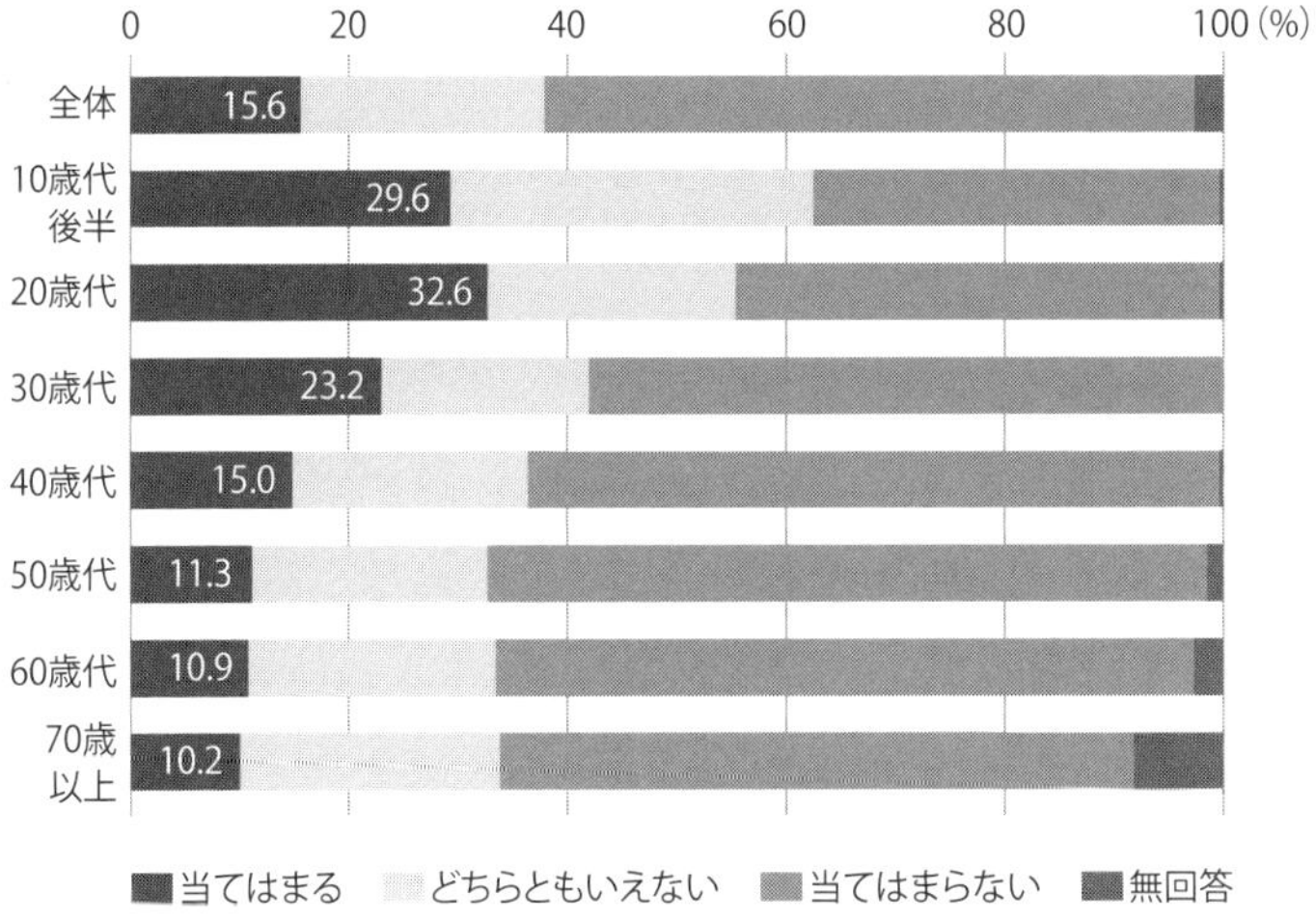

（注）当てはまる：「とても当てはまる」「ある程度当てはまる」の計。当てはまらない：「あまり当てはまらない」「ほとんど・全く当てはまらない」の計。

Column

倍速視聴とタイパ

東京地方裁判所は、2022年11月、「ファスト映画」を権利者に無断でアップロードした2名に対し、著作権侵害による損害賠償金5億円の支払いを命じる判決を言い渡した。

ファスト映画とは、映画を無断で10分前後の長さに切り貼りし、字幕や音声での解説を付け加えた「ネタバレ動画」のことだ。動画のサブスクリプションサービスが始まったことで、コンテンツの供給過多状態が続いている。かつ、ネット上には様々な動画があふれており、作品を鑑賞するのではなく、短時間で多くの作品を〝消費する〟傾向にある。TikTokをはじめとした動画配信SNSでは短めの動画が求められており、ユーチューブでもShortと呼ばれる短編動画が増えた。動画の倍速視聴も増えており、民放公式配信サービスTVerにも倍速再生機能がある。クロス・マーケティングの調査では、20代の4割以上が倍速視聴の経験があるといい、短時間でコンテンツの全体と面白いところを把握したいというニーズは高まっている【図表8-5】。

その背景には、若者の「オタクになりたい」という価値観があると筆者は考える。「オタク＝アイデンティティ」と認識している若者にとって、オタクの対象はコミュニケーションの糸口となる。特に大学生においては、キャラ付けの一環で、何か他の人とは違うものに精通してみよう、通ぶってみたいといった動機を持つ者もいて、映画等のサブカル関連の趣味は実生活の人間関係において自己PRのように使われることが少なくない。のめり込んだ結果としてオタクになるのではなく、「映画オタクになりたい」が先行するわけだ。そのため、タイパ（タイムパフォーマンス）思考で、どうすれば最短で映画通ぶることができるかを考える。その解が、倍速視聴やファスト映画、スキップ再生（コンテンツを飛ばしながらみる）、ネタバレ視聴（ある程度の内容を把握してから視聴する）であるといえよう。

内容の詳細がわからなくても、ネットで調べれば、監督のメッセージだけでなく、

▼図表8－5　動画コンテンツの倍速視聴経験

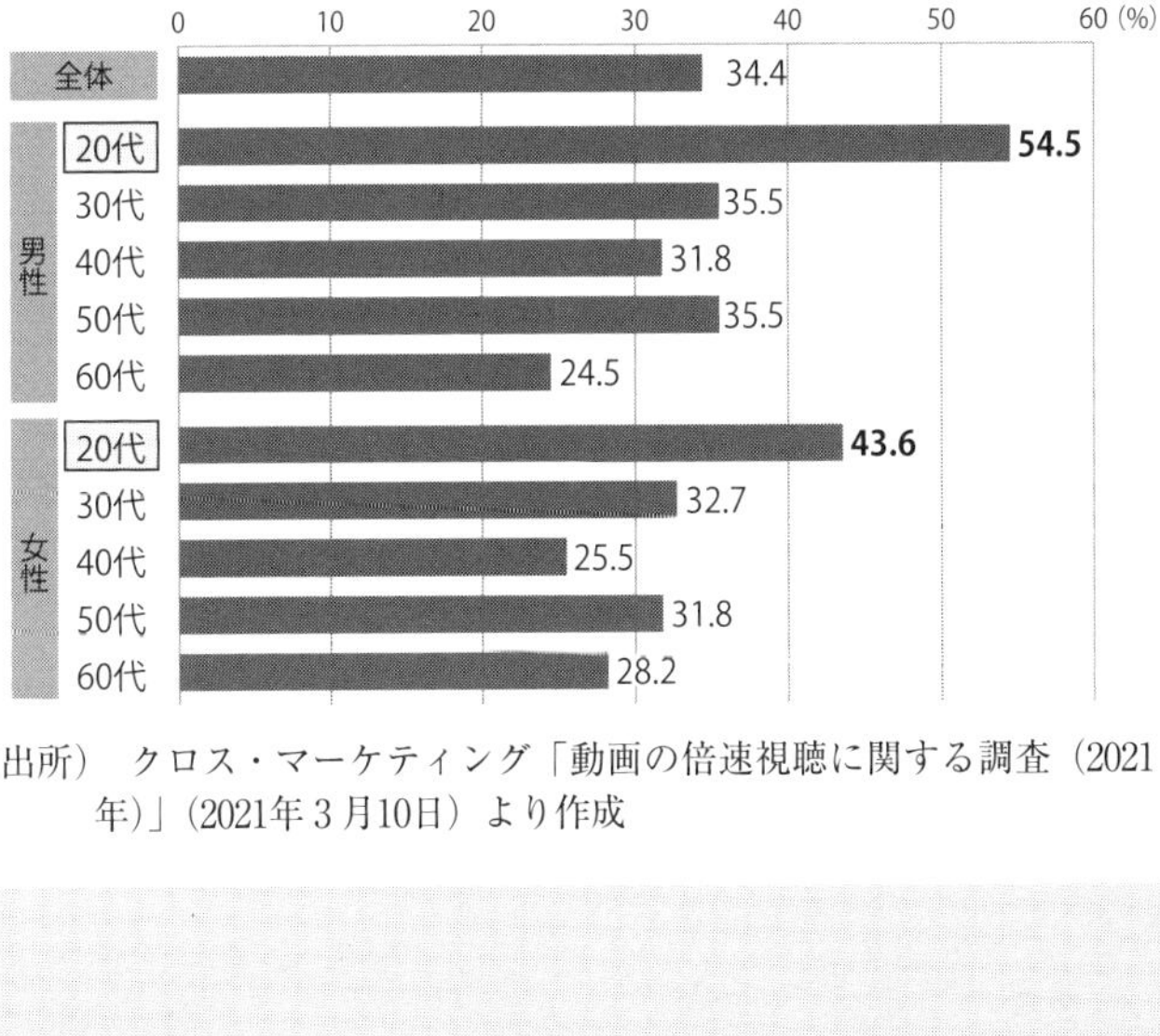

（出所）　クロス・マーケティング「動画の倍速視聴に関する調査（2021年）」（2021年３月10日）より作成

細部に隠されたカメオ出演やプロップ（小道具）まで、他のオタクが調べた情報に容易にたどり着く。実際にきちんと鑑賞しなくても、コミュニケーションツールとしては十分な知識を得ることができよう。また、SNSを通じて、昔なら到底接点が持てない映画監督や映画評論家などと（一方通行ではあるものの）つながり、他の玄人なオタクたちとも簡単に交流できるようにもなった。他人の下駄を履くように、即席の知識であたかも自分をコアのオタクのように演じることが容易になったのである。

従来のネット文化では、「ggrks」（ググレカス：それくらいグーグルで検索しろ）や「半年ROMってろ」（この場の空気やルールがわかるようになるまでは、発言せずにみているだけにしろ）といった言葉に代表されるように、情報収集やコンテクストの把握が求められたが、その必要性は薄れてきている。

情報があふれている現代社会においては、限りある自分のリソース（時間や金）をいかに配分するかが焦点となる。若者のいう「タイパ」は、その消費結果をフックに他人とコミュニケーションをとる際、いかに時間をかけずに満足のいく水準まで自身の経験値や知識量を増やせるかが重要になっているといえる。

他人の存在を後ろ盾にした自己肯定感

自己肯定感とは、本来「ありのままの自分を肯定する感覚」や「他人と比較することなく、自分自身が〝今の自分〟を認めて尊重すること」を指すが、現代の若者は、他人からの肯定（承認）がその源泉になる。そのため、若者のなかには、自身の自己肯定感を高めてくれる存在に依存する者もいる。

第4章でクラスタとアイデンティティの関係について述べたが、クラスタのような自身の趣味を尊重してくれるコミュニティの存在は、自己肯定感を高めるうえで重要となる。学校や職場といった実社会のコミュニティは、お互いたまたま同じところに属している間柄にすぎないため、望んだ人と望んだ方法で人間関係を構築するのは難しい。しかしながらＳＮＳにおいては、自分がつながりたいと思う共通項をもとにどのような人々がその趣味を消費しているのかを探究し、そのなかでもさらに自分が仲良くしたい人に対してアプローチできる。また、性別や年齢、性格、職業、人となりなど様々な個性や属性が考慮されたうえで人間関係が構築される実社会のコミュニティとは異なり、ＳＮＳのコミュニティは、同じものが好きかどうかが、仲良くなるうえでの最重要要因となる。そこから交流を重ねて個性や属性を知っていき、深く付き合いたいと思えば深く付き合うし、気が合わないと思えばブロックしてしまえばよい。簡単に、自身の身の回りに置く仲間を選別できるのだ。だからこそ、クラスタ内で自身の意見が否定されたり自分の価値観が認められないと感じたりすると、窮屈さを感じて、そのクラスタだけでなく、その趣味から離れてしまう者もいる。

彼らは、現実社会では認められない趣味であっても、ＳＮＳでは同じような価値観を持つ人が多数存在しており、ＳＮＳは（現実社会より）多様性が認められる場所であるという認識を持っている。だからこそ、ＳＮＳでは自身が気の合う、仲がよい〝親密圏〟にいる人たちと狭く深い交流関係を築きたいと考える。

そして、「自身を認めてくれない人とは、深い人間関係を築くつもりはない」という自尊心と、「自己肯定感を高めたい」という欲求が強いがために、親密圏から排除されないよう、逆に仲間には過剰なほどに配慮する傾向がみられる。親密圏が狭いために、思考は個人主義的になりやすい。行動の原理が今現在の不安を解消することに偏りがちになる（精神衛生上よい環境をつくりたい）ため長期的展望を描きにくく、今自分がどうしたいかを重視する「現在思考」になりやすい。また、他人から承認がないと不安になり、同じ考えの人を探すことで自分の価値観、意思を尊重しようとする。

したがって、**Z世代には、自己肯定感が極めて高い側面と自己肯定感が極めて低い側面がある**と筆者は考えている。「自己肯定感を高めたい」「自分も認められるべき」と考えているのに、自分の考えや意識（多様性）が他人から認めてもらえるかを過剰に心配するという、矛盾した思いを併せ持っているのがZ世代の特徴といえよう。だからこそ他人から否定されることを強く嫌い、自分の親密圏からそのような人々を排除しようとするし、自己肯定感を高めてくれる人に依存してしまうのである。

（注）1　コミュニティは、一般に「地域性」「相互作用」「共通の絆」の３つが必要な要素とされている。

2　内閣府の「社会意識に関する世論調査」（２０２０年1月調査）では、地域の付き合いについて、18～29歳は66・２％が「付き合っていない」と回答しており、全体（18歳以上対象）の34・３％と比べると高くなっている。２０１７年1月調査の60・５％よりも増加していることから、若者の地域との付き合いはより一層減少していることがわかる。

おわりに

本書ではまず、Z世代が歩んできた時代と、デジタルネイティブ、フリーミアム、サブスクリプションの3つの市場変化から、Z世代が社会そして市場からどのような影響を受け、どのような価値観を構築していったかをたどった。そして、そのような価値観のなかでも、ウェルビーイング、画一化された幸福の消滅、自己肯定感の3つをZ世代が有する特徴的な価値観であることを論じた。

本書のはじめに、新入社員の歓迎会に関するツイートの内容を紹介した。本書の内容を踏まえて、改めてみてもらいたい。

> 新入社員の歓迎会
> 新入社員全員欠席希望で課長が激怒している
> 新卒よくやった☺

多くの読者の皆さんが、最初に感じたものとは違った印象を受けたのではないだろうか。実はこのツイートには続きがある。投稿主は、その後、次の趣旨のツイートをしている。

新入社員に歓迎会の欠席理由を尋ねたら、
『こんなご時世で、大人数で食事（飲み会）はあり得ません。
参加しても、給与は発生しません。
そのような場で得られることは何でしょうか？
有意義なことは仕事中に教示していただきたい』
と正論をいわれました

ぐうの音も出ないという方は多いのではないだろうか。このツイートを、筆者なりにZ世代の価値観の視点から考察してみよう。

――こんなご時世で、大人数で食事（飲み会）はあり得ません

まず、この部分からは、ウェルビーイングや共闘の価値観を有することがうかがえる。
コロナ禍で世の中が足並みを揃えて感染症対策を行い、大人数での宴会が社会的に控えられていたなかで、プライベートではなく会社の行事であったとしても、会食をするという行為は褒められる行為ではないということを認識しているからゆえの考えといえる。

新型コロナウイルス感染症に感染すれば、自身の行動が制限されるし、発症することで苦しむリスクがある。それを考慮に入れないで、「毎年やっていることだから」という通例から、もしくは一時の快楽のために、会社が歓迎会を提案してきているわけである。自分たちの健康が、たかが会社の飲み会ごときでおざなりにされてしまうと考えると、怒りが湧いてくるかもしれない。

また、CSR（Corporate Social Responsibility：企業の社会的責任）の視点からみても、このようなご時世に社会の流れと反して飲み会をしているのが明らかになれば、会社の信用問題にかかわる。そのようなことも考えずに軽率に提案してきたことに対しても、失望したかもしれない。

―― 参加しても、給与は発生しません

これは、自身に対するプライオリティが高いゆえの価値観から発せられた言葉と考えられる。

かつて、企業戦士たちは「24時間働けますか？」と身を粉にして、企業に尽くすことを求められた。彼らが、企業の発展や仕事に対するやりがいを見出すことができたのは、仕事に見合った給与がもらえたという前提があったからである。結婚、車、高価な買い物、レジャーといった画一化された幸福の根底にあったのは、見合った対価がもらえるからこそ仕事のプライオリティを高く維持するという価値観であった。

しかし現代は、画一化された幸福が消滅し、一般に、上司をロールモデルとするのは難しいといわざるを得ない。

実際、本当にやりたい仕事ができる者はごくわずかである。私自身、就活時代には、「第一志望は御社です」という言葉をよく耳にした。私自身はマーケティング職につきたかったため、そのような職を目指して転々と面接を受けていたわけだが、色々な場で、農学部、法学部、はたまた芸大、体育大など明らかにその職に今まで興味がなかったようにみえる学生が（本当はずっと興味があったのかもしれないが…）、隣で面接していることには驚いた。農学部の修士課程でトマトの研究をしていた人と、航空業界の集団面接で同じになったときは、バックグラウンドの違いに戸惑った。

ただ、大学は〝就職予備校〟と揶揄されるように、目的を持って勉学に励んでいるというよりも、とりあえず単位をとって卒業して、就職できればよいと考えている者がほとんどである。新卒社員の大半はそのような価値観を持って入社してくるわけであり、彼らに仕事そのものに対するやりがいやモチベーションを期待する方が酷である。

そのような価値観のなか、「推し活」や「オタ活」のように好きなことを消費することが自身の精神的充足につながるのならば、生活におけるプライオリティは「趣味」に置かれる。そして、1日の時間は、「趣味の時間」と「趣味をするために仕方なく働かなくてはいけない時間」とに分断される。就業は趣味を行ううえでのプロセスという位置づけとなるため、仕事に対してモチベーションややりがい、目的を見出すことは困難になる。長時間拘束されずに、お金がもらえればそれだけで十分なのだ。

しかし、会社の飲み会となれば、給与も発生しないのに、会社の人たちと終業後も顔をあわせていなくてはならない。上司陣からしたら家に帰ってもやることがないし、自分の話を聞かせることができる最高の場なのかもしれないが、若者にとっては苦痛以外の何物でもない。スナックやキャバクラ、ガールズバーといった場でお金を払ってしゃべっている武勇伝を、無償で聞くことを強いられているわけで、お金をもらいたいぐらいのタスクとなるのだ（実際、そのような趣旨のツイートが散見される）。

――そのような場で得られることは何でしょうか？

これは、プライオリティが私生活にあるがゆえに、人間関係がより淡白なモノになっていることの表れといえるだろう。仕事にやりがいがあったり、憧れの上司や先輩がいるのならば、その人から仕事のノウハウを聞いたり、仕事をするうえでの考えを聞くことが楽しいかもしれない。

打算的にいえば、テクニックを学んで成績をあげたり、上司と仲良くなって出世を目論んだりと、色々なメリットがあるといえる。

しかしながらZ世代は、人間関係が淡白で、ゾーン・ディフェンス（境界設定）が高く、〝親密圏〟にいる人と付き合いたがる傾向が強くある。また、彼らにとって、その会社は（本当にその会社に就職したかった者を除けば）自分がもらった内定のなかで一番条件がよかったところにすぎない。転職が一般的になっているなか、上司におべっかを使って人間関係を構築し、それが出世につながることよりも、自身が転職する可能性の方が高いかもしれない。

Z世代以前の世代の方は、「最近の若者はこれくらい会社に対して淡白な感情しか持っていない者も少なくない」ということを知っていた方が、自身の新入社員に対する理想とのギャップに戸惑わないだろう。

――有意義なことは仕事中に教示していただきたい

ここからも、自分自身のための時間を確保したいという、自分に対する高いプライオリティを垣間見ることができる。

飲み会の場を通してノウハウやテクニックが教えられ、腹を割って話すことで、上司と部下との間に絆が生まれるといったシーンを、筆者はこれまでドラマなどで何百回とみてきた。美談のように語られるこのプロセスであるが、よくよく考えれば、友だちと同様の関係を築くことなど不可能な、ある程度距離を保たなくてはいけない相手と飲むには、かなり気を遣う必要がある。お酌や、グラスが空になったときの対応、2次会の手配など、お世辞にも楽しい（娯楽性のある友人などとの）飲み会とは程遠い。場合によっては、時間だけでなく、それなりに負担感がある金額を負担しなくてはならないときもあり、自分が好んでその人と飲みに行きたいわけでもないのに、なぜ時間やお金という自分のリソースを割く必要があるのだろうと疑問に思うことはあるだろう。

さらに、仕事に関する有意義な話ならば、お酒を飲んでいるときに教わるより、素面である就業時間内（自身が就業の義務を果たしている間）に教わった方が合理的と考えるのは当然かもしれない（もちろん、お酒の力でそのような話題が盛り上がったり、素直に受け入れられたりするといったことは筆者自身、否定はしない）。

あわせて、業務成績や勤労態度とは別の「飲みニケーション」という場が自身の評価につながったり、そのような場でしかノウハウやテクニックが伝授されにくい（そういう伝え方が通例になっている）といったこと自体に、疑問を抱いているのかもしれない。

ここで、あなたが部下を飲みに誘ったら、断られたという場面を考えてみてほしい。

「かわいくない」「俺のときは…」と思うかもしれない。人間だから大なり小なりその断った社員に対する印象が悪くなるのが普通だと思うが、仕事に対する純粋な評価としては、その部下に非があるとはいえない。

このような考えはSNSをみるとあふれており、今の時代の新しい価値観と捉えられる。上司との飲み会を嫌がる、ましてや自分たちの歓迎会に行くことすら躊躇するなど言語道断だった時代から、（それが正しい、正しくないという判断は別として）「NO」という価値観を提示できる時代になったのである。

ただ、上司と飲みに行きたくないという考えは決して「今」の若者だけが抱いている価値観ではない。読者の皆さんも、若い頃は、上司との飲み会や接待が煩わしいと思っていた、もしくは今でも思っている人がいるのではないだろうか。それは決しておかしなことではなく、皆が口に出さずに思ってきたことである。

実際、ツイートの投稿者も「新卒よくやった」と褒めており、彼らの行動を肯定していると捉えることができるだろう。彼らの考えに賛同しているだけでなく、飲み会自体不要なモノと認識していて行事をなくしたい（自分も今後出たくない）という希望もあるのかもしれない。しかしながら、それまでの世代は、決してそれを口に出さず、嫌々ながらも参加していた。ここがZ世代とそれ以前の世代との大きな違いなのである。

ではなぜ、Z世代は「NO」といえるのか。筆者は、自己肯定感が関係していると考える。SNSをみると、自分が同僚と裏で話していた愚痴と同じような価値観を持つ人が数多くいることがわかる。「自分だけがこういった考えを持っているわけではないんだ」と認識できる後ろ盾を得て、自身を肯定できるようになったことは、SNSがあることによる大きな変化である。

そして、ツイートの「新入社員全員」という部分からは、欠席希望を出した新入社員が複数人いることが読み取れる。参加したくないという考えが1人だけならまだしも、複数人、しかもそれが大多数なのであれば、自分たちの意見は決してお門違いな考えではなく、参加しないことがウェルビーイングにつながると考えられるだろう。実際、新入社員が口裏合わせをしたかどうかまでは読み取ることはできないが、共闘するように、同じ新入社員という境遇の仲間が皆で「NO」と示してくれることは彼らにとっては十分すぎるほどのモチベーションとなるだろう。あわせて、SNS上に散見される同じような意見は、自身の自己肯定感を高め、気を大きくさせる。

いかがだっただろうか。筆者の考察で、ツイートに対する印象が少なからず変わったのであれば、本書を執筆した意義があるし、何より読者の皆さんの時間の無駄にならなかったと思える。

筆者は、このツイートで書かれている新入社員の行動が正しい行動だったかどうかを議論する気はない。そして、飲み会をやめろ、新入社員の価値観を尊重しろ、といいたいわけでもない。ただ、このような意見を持つ若者が今後どんどん社会に進出するわけで、今まで自分が有してきた価値観だけでは、若者の行動の真意を追うことはますます困難になると伝えたいのである。

筆者自身、えらそうにセミナー講師やメディア露出を通してZ世代について発信しているが、私自身はZ世代ではないため、結局のところすべて推論となってしまうのが現状で、手探りで彼らを追いかけているという意味では読者の皆さんと何ら変わりはない。

また、第1章で述べたが、Z世代論はあくまでも特徴的な部分があたかもそれがすべてかのように語られることが多い。そのため、いわゆる「陽キャ」や「キラキラ女子」といわれるようなスクールカーストの上位の子たちの間で嗜好されて盛り上がっているが、それ以外の層では名前も知られていないものもあったりする。本書は、そのような特定のセグメントの消費行動や文化を切り取って論じるのではなく、その年に生まれた人なら全員が経験をしている社会や市場の変化から得られる価値観について述べており、現代の若者にとって普遍的な価値観を紹介したつもりではいる。しかし、皆が皆ウェルビーイングや自己肯定感を気にしているわけではないし、SDGsに配慮しているわけではない。画一化された幸福を追求すること自体が廃れたわけではなく、社会のレールに乗りたいと思う若者も多くいるのも確かである。メディアや本書であげられるZ世代の特徴は100%すべてのZ世代に当てはまるわけではないと断言できる（だからこそ、筆者自身、他人のZ世代論を読んで共感できることもあれば、できないこともあるわけで（笑）。ただ、それ以前の世代が有していなかった、もしくは目立たなかった特定の意識や価値観を持つ層がZ世代と呼ばれる若者のなかに一定数いること、そして、その一定数の層に鉢合わせたときに我々はどうすればいいのかという糸口として、本書を含むZ世代論に触れるのは意味があることと筆者は考える。

本書を読者の皆さんがどのような機会に手にしたかはわからない。タイトルに釣られて手にとった方もいれば、Z世代について理解を深めたいと探究心を持って読んでいただいた方もいるかもしれない。

本書を通して、少しでも読者の皆さんに「何か」を提示できていたら幸いである。

そして本当に最後に

コスパ（コストパフォーマンス）やタイパ（タイムパフォーマンス）が追求される昨今、「本」というメディアは、そのような流れから逆行しているメディアであることは間違いないだろう。そのなかで、本書を手にとっていただけたこと、大変感謝している。面白かった、学びになった、と本書からポジティブな感想を見出していただけたら望外の幸せである。本書の内容について批判的な感想を持たれた方もいるかもしれないが、筆者が本書を執筆するために人よりも長くモラトリアム期間を過ごし、様々な人たちからの支えがあってここまで来たことは事実である。

私の研究に理解を示し支えてくれている家族、研究の楽しさを教えてくれた恩師のS先生、学生時代をともに乗り越え切磋琢磨してきた河原麻子先生、私の研究を深く理解し奨励してくれる手島恒明社長をはじめとしたニッセイ基礎研究所の皆さんには感謝を伝えたい。そして何よりも、私の死ぬまでに本を出版したいという夢を叶えてくださった、金融財政事情研究会のEさんに心から感謝する。

【著者紹介】

廣瀬　涼（ひろせ　りょう）
株式会社ニッセイ基礎研究所　生活研究部　研究員
2019年大学院博士課程在学中に株式会社ニッセイ基礎研究所に入社。専門は現代消費文化論。オタクの消費を主な研究テーマとし、10年以上彼らの消費欲求の源泉を研究している。昨今では自身の経歴を活かし若者（Ｚ世代）の消費文化について研究を行い、講演や各種メディアで発表している。NHK『NEWSおはよう日本』、テレビ朝日『羽鳥慎一モーニングショー』、TBS『マツコの知らない世界』、日本テレビ『news every.』、テレビ東京『60秒で学べるNews』『Newsモーニングサテライト』などで若者のオタク文化について制作協力。本人は生粋のディズニーオタク。

あの新入社員はなぜ歓迎会に参加しないのか
——Z世代を読み解く

2023年6月14日　第1刷発行

著　者　廣　瀬　　涼
発行者　加　藤　一　浩

〒160-8519　東京都新宿区南元町19
発　行　所　一般社団法人 金融財政事情研究会
出　版　部　TEL 03(3355)2251　FAX 03(3357)7416
販売受付　TEL 03(3358)2891　FAX 03(3358)0037
URL https://www.kinzai.jp/

本文イラスト：イキウサ
カバーデザイン：吉崎広明（ベルソグラフィック）
DTP：株式会社アイシーエム／校正：株式会社友人社／印刷：三松堂株式会社

ISBN978-4-322-14243-3